BESTACTIVITYBOOKS.COM

Copyright © 2022 LINGUAS CLASSICS

PREMIERE ÉDITION

Dépôt légal, 2022

Illustration Graphique Extra: www.freepik.com
Merci à Alekksall, Starline, Pch.vector, Rawpixel.com, Vectorpocket, Dgim-studio, Upklyak, Macrovector, Stockgiu, Pikisuperstar & Freepik.com Designers

Découvrez des Jeux Gratuits en Ligne

Disponible Ici :

BestActivityBooks.com/FREEGAMES

5 ASTUCES POUR DÉMARRER !

1) COMMENT RÉSOUDRE LES MOTS MÊLÉS

Les puzzles sont dans un format classique :

- Les mots sont cachés sans espaces, tirets, ...
- Orientation : Les mots peuvent être écrits en avant, en arrière, vers le haut, vers le bas ou en diagonale (ils peuvent être inversés).
- Les mots peuvent se chevaucher ou se croiser.

2) UN APPRENTISSAGE ACTIF

Un espace est prévu à côté de chaque mots pour noter la traduction. Pour favoriser un apprentissage actif un **DICTIONNAIRE** à la fin de cette édition vous permettra de vérifier et étendre vos connaissances. Cherchez et notez les traductions, trouvez-les dans le Puzzle et ajoutez-les à votre vocabulaire !

3) MARQUEZ LES MOTS

Vous pouvez inventer votre propre système de marquage. Peut-être en utilisez-vous déjà un ? Sinon, vous pourriez, par exemple, marquer les mots qui ont été difficiles à trouver d'une croix, ceux que vous avez aimés d'une étoile, les mots nouveaux d'un triangle, les mots rares d'un diamant, etc...

4) STRUCTUREZ VOTRE APPRENTISSAGE

Cette édition vous offre un **CARNET DE NOTES** très pratique à la fin du livre. En vacances ou en voyage ou à la maison, vous pouvez facilement organiser vos nouvelles connaissances sans avoir besoin d'un second bloc-notes !

5) VOUS AVEZ FINI TOUTES LES GRILLES ?

Allez à la section bonus **CHALLENGE FINAL** pour trouver un jeu gratuit à la fin de cette édition !

Simple et Rapide ! Découvrez notre collection de livres d'activités pour votre prochain moment de détente et **d'apprentissage**, à juste un clic de distance !

Trouvez votre prochain défi sur :

BestActivityBooks.com/MonProchainLivre

À vos marques, prêts... Partez !

Saviez-vous qu'il existe environ 7 000 langues différentes dans le monde ? Les mots sont précieux.

Nous aimons les langues et avons travaillé dur pour créer les livres de la plus haute qualité pour vous. Nos ingrédients ?

Une sélection des thématiques d'apprentissage adaptée, trois belles parts de divertissement, puis nous ajoutons une cuillère de mots difficiles et une pincée de mots rares. Nous les servons avec soin et un maximum de plaisir pour vous permettre de résoudre les meilleurs jeux de mots mêlés qui soient et d'apprendre en vous amusant !

Votre avis est essentiel. Vous pouvez participer activement au succès de ce livre en nous laissant un commentaire. Nous aimerions vraiment savoir ce que vous avez préféré dans cette édition !

Voici un lien rapide qui vous mènera à la page d'évaluation de vos commandes :

BestBooksActivity.com/Avis50

Merci pour votre aide et amusez-vous bien !

De la part de toute l'équipe

1 - Été

```
G Ŵ Y L Q G W E R S Y L L A
O F V S D E O T R A E T H L
X L F Ê X M Z E M N O E C L
W S L R P A B X C D L I D Y
H L S P I U W A L A M T V F
C Y L P Z N Y Y Z L R H O R
Q G H A M D D E N A P I M A
G X P D W Z X I G U V O B U
X L X R E E Q I A V H U T D
R Ê A R L I N D R U M Y E U
R M B O O O F Y D I Z Y U C
Y M L A C I O I D M Y K L R
O Ô I N O F I O O D P F U O
E R C E R D D O R I A E T H
```

FFRINDIAU
GWERSYLLA
SÊR
TEULU
GARDD
GEMAU
LLAWENYDD
LLYFRAU
HAMDDEN
MÔR

CERDDORIAETH
I NOFIO
BWYD
TRAETH
DEIFIO
YMLACIO
SANDALAU
GŴYL
TEITHIO

2 - Adjectifs #2

```
A  F  F  C  C  K  S  P  Y  C  D  E  D  O
I  K  N  R  Y  A  Y  P  U  R  I  N  R  E
R  U  S  Y  N  Y  C  A  O  E  S  W  A  G
L  Y  G  F  H  F  H  H  X  A  G  O  M  Q
S  Z  V  O  Y  A  Y  N  C  D  R  G  A  R
W  J  T  X  R  L  L  K  N  I  I  K  T  G
W  E  N  X  C  C  D  L  A  G  F  W  I  D
I  A  C  H  H  H  A  P  T  O  I  S  G  I
C  A  I  N  I  G  W  W  U  L  A  I  C  D
W  E  G  E  O  W  N  E  R  G  D  L  U  D
X  H  D  W  L  Y  U  R  I  B  O  E  S  O
L  P  L  Y  C  L  S  U  O  V  L  B  Q  R
A  O  T  D  I  L  Y  S  L  U  Y  Q  V  O
Y  D  Y  D  Y  T  C  Y  F  R  I  F  O  L
```

DILYS	NATURIOL
ENWOG	NEWYDD
CREADIGOL	CYNHYRCHIOL
DISGRIFIADOL	PWERUS
DAWNUS	PUR
DRAMATIG	CYFRIFOL
CAIN	IACH
FALCH	HALLT
CRYF	GWYLLT
DIDDOROL	SYCH

3 - Exploration

```
Z D D I E Y G S M N N P A G
M I A E V O U O X O E E N W
W W K R W J J P F S W R I E
T Y T I G R A V D O Y Y F I
I L K H J A D D U F D G E T
O L J H V N N E P M D L I H
T I R N C Y F F R O I O L G
E A G W Y L L T Y M L N I A
I N I D D Y S G U A D A R
T N B L I N D E R D D Z I E
H A P E L L L T S I N I D D
I U I A I T H L T P Q K A D
O E A N H Y S B Y S W A N D
P E N D E R F Y N I A D Y U
```

GWEITHGAREDD	CYFFRO
ANIFEILIAID	BLINDER
I DDYSGU	ANHYSBYS
DEWRDER	IAITH
DIWYLLIANNAU	PELL
PERYGLON	NEWYDD
DARGANFYDDIAD	GWYLLT
PENDERFYNIAD	TIR
GOFOD	TEITHIO

4 - Formes

```
S  Y  H  C  S  M  S  A  C  P  S  O  U  P
H  O  Z  U  I  P  Q  W  Y  R  F  B  I  E
A  Y  V  Q  L  Y  F  S  L  I  L  U  H  T
V  U  F  C  I  R  Z  W  C  S  G  W  Â  R
O  R  W  I  N  A  U  F  H  M  G  T  Y  Y
P  D  Y  U  D  M  L  L  I  N  E  L  L  A
O  Y  L  F  R  I  E  L  I  P  S  A  V  L
L  C  D  B  X  D  Y  U  A  N  I  W  B  H
Y  G  Y  W  G  B  P  J  Z  R  M  G  Y  I
G  R  O  M  L  I  N  T  F  H  C  H  F  R
O  C  O  R  N  E  L  C  T  B  W  Ô  T  G
N  I  O  C  Y  M  Y  L  O  N  P  N  N  R
E  W  I  H  H  Y  P  E  R  B  O  L  A  W
H  B  R  P  T  R  I  O  N  G  L  Y  G  N
```

ARC	ELIPS
YMYLON	HYPERBOLA
SGWÂR	LLINELL
CYLCH	HIRGRWN
CORNEL	POLYGON
GROMLIN	PRISM
CÔN	PYRAMID
OCHR	PETRYAL
CIWB	TRIONGL
SILINDR	

5 - Salle de Bains

```
M H E U S T I H Q J I R F D
X U C L W P S E G O O G J R
N C V F I P E R S A W R K Y
F C N Q G G H T D R W D N C
T A H T O I L E D B J X O H
Y A U R D D L Z Z C R W D V
W Q O C I Ŵ W L N U U I D T
E F S D E A R S A D G O I A
L T O G K T S I A M P A B K
B U R S I S W R N G W N Y L
S E B O N A G E R O V D W E
J O C H W T F M V Z W E A O
R Y Z Z L Y H O C A W O D G
B A T H R E I Z V J U S Z R
```

BATH	PERSAWR
SWIGOD	FAUCET
SISWRN	SEBON
CAWOD	TYWEL
DŴR	SIAMP
NODDI	RUG
ELI	TOILED
DRYCH	AGER

6 - Adjectifs #1

```
C Q O E O U E M B P D P D U
H T N I T C N P L E I W E Y
P D E F C H F I M Q N Y N Y
Q P S Z J E A I O P I S I R
T A T X J L W V D N W I A L
H A R D D G R F E Q E G D E
X M W A N E F Z R N D T O A
X T M R V I J S N T X E L E
G S H P U S A R O M A T I G
T E N A U I A I F A N C U S
V R G J E O R R R P V F U O
N C G H T L X K A E Q O D T
A R T I S T I G F F V T S I
G W E I T H R E D O L C P G
```

GWEITHREDOL	ONEST
UCHELGEISIOL	UNION
AROMATIG	PWYSIG
ARTISTIG	DINIWED
DENIADOL	IFANC
HARDD	ARAF
EGSOTIG	TRWM
ENFAWR	TENAU
HAEL	MODERN

7 - Instruments de Musique

```
B  S  E  S  N  T  G  L  K  P  A  Y  T  B
L  A  A  L  W  R  O  H  W  U  X  O  R  R
N  I  N  C  W  Y  N  N  P  Y  Q  F  O  J
C  C  P  J  S  A  G  F  T  W  K  I  M  I
T  L  R  F  O  O  A  M  A  R  I  M  B  A
F  A  N  G  K  Z  F  T  E  L  Y  N  Ô  D
F  R  M  O  N  X  N  F  R  G  U  P  N  R
I  I  A  B  C  P  V  D  O  H  F  G  C  W
D  N  N  O  W  P  L  J  O  N  M  I  L  M
I  É  D  A  P  R  B  A  S  W  N  T  Y  T
L  T  O  M  I  I  Î  H  C  P  S  Â  C  B
F  F  L  I  W  T  S  N  C  G  F  R  H  O
E  P  I  A  N  O  U  T  R  K  J  V  A  B
X  T  N  U  T  G  O  R  N  B  N  U  U  L
```

BANJO	MANDOLIN
BASWN	MARIMBA
CLYCHAU	PIANO
CLARINÉT	SACSOFFON
FFLIWT	DRWM
GONG	TAMBWRÎN
GITÂR	TROMBÔN
TELYN	UTGORN
OBO	FFIDIL

8 - Échecs

```
P G B V Z V I F S P C V B K
W W O A M S E R S E K F N W
Y R I D D Y S G U N M A O W
N T N U D H I S O C E B L X
T H Q A B E R T H A F W D S
I W G O H R F C Z M G W Y N
A Y M Ê L I Y O X P A I C R
U N H W M A M I L W Q L N H
B E I N B U Y U U R A J S E
R B S T R A T E G A E T H O
E Y L L E T R A W S E F O L
N D C H W A R A E W R Y O A
I D B R E N H I N E S F V U
N G Y S T A D L E U A E T H
```

GWRTHWYNEBYDD
I DDYSGU
GWYN
PENCAMPWR
GYSTADLEUAETH
HERIAU
LLETRAWS
GÊM
CHWARAEWR

DU
GODDEFOL
PWYNTIAU
BRENHINES
RHEOLAU
BRENIN
ABERTH
STRATEGAETH
AMSER

9 - Herboristerie

```
A X X O M D S F F E N I G L
R S T Z W S A A N S A W D D
O T E I M K F T A R A G O N
M Y H F B C F B C G A S Y L
A Z I B A N R J D C P H G V
T X Y U F B W R H O S M A R
I F I D Y A M P R G G A R R
G A R D D T U E M I W R L I
B A S I L H D R T N Y J L W
L L M O V D T S F I R O E W
A F O L W Y T L A O D R G L
S S P D Y E P I A U D A D I
K F X V Y T S D T B O M X A
I B E P O N L A F A N T B Q
```

GARLLEG   MARJORAM
AROMATIG   BATHDY
BASIL   PERSLI
BUDDIOL   ANSAWDD
COGINIO   RHOSMAR
TARAGON   SAFFRWM
FFENIGL   BLAS
BLODYN   TEIM
GARDD   GWYRDD
LAFANT

10 - Véhicules

```
M L A G U A L N S R G C U Y
O S L W V Z B T H G O M J W
D X O E Y J A L L U W C F V
U S R N D R X B W S P T E Z
R H I N F S E C W C H O E D
A O I O N Z J N T A C S I R
I F A L C R W C F I H O C L
T R A C T O R A L X I S A V
I E U A M V J R U F F E R I
R N J A M B I W L A N S A B
I N I X R M G W P P X E F E
O Y H R S N F F K P Y Q A I
N D I S F F O R D D P J N C
S D L L O N G D A N F O R J
```

AMBIWLANS
AWYREN
CWCH
BWS
LORI
CARAFAN
FFERI
ROCED
HOFRENNYDD
ISFFORDD

MODUR
GWENNOL
TIRION
LLU
SGWTER
LLONG DANFOR
TACSI
TRACTOR
BEIC
CAR

11 - Camping

```
C  T  E  C  O  E  D  W  I  G  B  G  X  M
W  Â  C  L  N  C  C  Y  M  B  R  K  O  D
M  N  H  A  M  M  O  C  K  E  C  P  R  A
P  A  B  E  L  L  O  A  H  U  M  Q  H  X
A  T  P  C  V  U  N  B  L  L  E  U  A  D
W  U  R  Q  A  O  J  A  W  L  M  B  F  A
D  R  Y  K  T  N  P  N  V  U  Y  D  F  N
E  T  F  W  G  W  Ŵ  G  W  S  N  N  D  T
M  I  E  H  E  L  A  C  V  E  Y  O  H  U
X  W  D  Y  M  R  B  O  R  D  C  E  R
G  K  P  B  N  O  M  V  M  N  D  N  T  I
A  N  I  F  E  I  L  I  A  I  D  T  N  W
O  F  F  E  R  U  H  F  M  B  C  L  C  I
Q  G  W  V  S  S  Q  Y  H  O  N  T  H  R
```

ANIFEILIAID	TÂN
ANTUR	COEDWIG
CWMPAWD	HAMMOCK
CABAN	PRYFED
CANŴ	LLYN
MAP	LLUSERN
HET	LLEUAD
HELA	MYNYDD
RHAFF	NATUR
OFFER	PABELL

12 - Conservation

```
P  L  A  L  A  D  D  W  Y  R  O  F  D  G
H  A  R  W  M  L  L  E  I  H  A  U  Ŵ  W
N  I  U  L  Y  Z  X  K  K  E  Q  F  R  I
A  L  N  J  O  F  T  A  O  L  C  R  G  R
T  G  L  S  C  H  E  M  R  L  Y  H  W  F
U  Y  P  O  A  H  C  M  G  Y  L  J  Y  O
R  L  S  M  H  W  R  Y  A  G  C  N  R  D
I  C  P  R  U  Q  D  T  N  R  H  D  D  D
O  H  S  Y  O  I  T  D  I  E  R  F  D  O
L  U  A  D  D  Y  S  G  G  D  F  Y  T  L
E  C  O  S  Y  S  T  E  M  D  Z  I  W  W
C  Y  N  A  L  I  A  D  W  Y  A  D  N  R
N  E  W  I  D  I  A  D  A  U  F  H  S  H
A  M  G  Y  L  C  H  E  D  D  O  L  F  X
```

GWIRFODDOLWR	CYNEFIN
NEWIDIADAU	NATURIOL
HINSAWDD	ORGANIG
CYLCH	PLALADDWYR
CYNALIADWY	LLYGREDD
DŴR	AILGYLCHU
AMGYLCHEDDOL	LLEIHAU
ECOSYSTEM	IECHYD
ADDYSG	GWYRDD

13 - Écologie

```
Q R M O R O L Z C E S H V F
B A B Y D E A N G P W D C L
F F A W N A G H X J J E J O
E A B O I Y U Y I L H E I R
G L K K B A D N O D D A U A
I G W I R F O D D O L W Y R
C Y N E F I N G O R O E S I
C Y M U N E D A U E E G O G
A M R Y W I A E T H D N M O
H I N S A W D D K A V D N R
J W C Y N A L I A D W Y A S
Y N A T U R I O L Z D V T X
P L A N H I G I O N R O U G
S Y C H D E R T X V Q Q R K
```

GWIRFODDOLWYR   GORS
HINSAWDD   MOROL
CYMUNEDAU   MYNYDDOEDD
AMRYWIAETH   NATUR
CYNALIADWY   NATURIOL
FFAWNA   PLANHIGION
FLORA   ADNODDAU
BYD-EANG   SYCHDER
CYNEFIN   GOROESI

14 - Astronomie

```
E R B T E I B V G J M I Y A
E Q O D N X L S O L A R M R
S C U C Y L A G U Y S S B S
E O L I E X N O Q X U O E Y
R S L I N D E H R M N E L L
Y M E M P O D D A E A R Y L
D O U C B S X U S T G B D F
D S A U P Z E Z T E U Y R A
W A D D A E B C E O U D E W
R G O F O D W R R U Y D Y
H G Z U W C H N O F A S D R
G A L A E T H H I L D A Q S
N E B U L A V D D C C W B P
C Y T S E R A L N K J D H S
```

ASTEROID	LLEUAD
GOFODWR	METEOR
SERYDDWR	NEBULA
AWYR	ARSYLLFA
CYTSER	BLANED
COSMOS	YMBELYDREDD
ECLIPSE	SOLAR
EQUINOX	UWCHNOFA
ROCED	DDAEAR
GALAETH	BYDYSAWD

15 - Types de Cheveux

```
L  G  B  J  D  S  Y  C  H  M  O  E  L  B
W  L  W  F  U  P  L  E  T  H  E  D  I  G
T  D  W  Y  E  P  S  M  L  I  Z  F  K  V
A  A  B  Y  N  Q  W  T  M  W  X  S  F  P
D  Z  L  Z  D  B  Y  R  G  E  C  E  F  A
I  X  E  K  S  B  V  W  X  J  U  M  D  A
F  L  T  B  E  L  M  C  A  B  R  O  W  N
C  Q  H  K  C  O  H  H  X  J  L  O  V  L
A  R  I  A  N  N  V  U  I  T  S  B  S  L
S  F  A  O  H  D  Y  S  M  E  D  D  A  L
W  E  C  J  R  I  Z  I  V  N  P  F  X  I
V  A  H  L  P  M  R  R  A  A  L  L  I  W
S  G  L  E  I  N  I  O  G  U  E  G  D  J
C  Y  R  L  I  O  G  T  S  M  K  Q  B  V
```

ARIAN	CYRLIOG
GWYN	LLWYD
BLOND	HIR
CURLS	BROWN
SGLEINIOG	TENAU
MOEL	DU
LLIW	IACH
BYR	SYCH
MEDDAL	BLETHI
TRWCHUS	PLETHEDIG

16 - Restaurant #1

```
H Y P W X Z G L C U P F Z B
G C Y L L E L L L B V K P W
W W A R I A N X E A E C W Y
G T E S A W S H F R I Y D D
S B E I S L Y D F A A N I Y
C I G I N C O F F I L H N C
A J O K A Y B W N D E W F E
C X O G R J D R K E R Y D G
N B G H U L F D F W G S A I
N A Q A A O X R E I E I J N
U W P L Â T S U S S D O V M
R L Y C Y W I Â R L D N A I
W Q I K Y B O W L E S H X S
J N C E R N G E R N Y R Q V
```

ALERGEDD   DEWISLEN
PLÂT   BWYD
BOWL   BARA
COFFI   CYW IÂR
ARIAN   LLAIN
CYLLELL   SAWS
CEGIN   GWEINYDDES
PWDIN   NAPCYN
SBEISLYD   CIG
CYNHWYSION

17 - Mammifères

```
C O Y O T E L S W S Z M D E
Z H R W M O M M O E B C E L
L G N K K B L S U B H E F I
M L J J Y I J N Y R D M A F
W C W N I N G E N A R O I F
N S S Y G E Z G J W L R D A
C B K A N G A R O O Q F W N
I E L E Y O D O L F F I N T
V S F A Q C G G O R I L A V
C Y R F I I A R T H C A T H
G V C B Y D L W A D J L E J
N W E T Y L D S R E G L I M
J I R A F F J K W K S E G Z
X I G C J G D J I G G W R A
```

MORFIL	CWNINGEN
CATH	LLEW
CEFFYL	BLAIDD
CI	DEFAID
COYOTE	ARTH
DOLFFIN	LLWYNOG
ELIFFANT	MWNCI
JIRAFF	TARW
GORILA	TEIGR
KANGAROO	SEBRA

18 - Sports

```
M  G  V  Z  F  D  P  F  G  S  V  R  M  W
H  T  U  V  E  I  A  Ê  O  H  S  B  A  Z
O  C  C  M  B  E  I  C  L  Y  C  M  B  Q
C  D  X  O  P  W  E  A  F  F  R  S  O  G
I  A  N  G  C  L  O  N  F  F  A  F  L  M
U  L  M  H  G  Ê  M  O  L  O  E  S  G  S
T  U  C  P  S  E  M  L  K  R  Q  E  A  Y
E  I  Q  G  F  T  C  W  C  D  Y  N  M  M
N  Q  G  B  O  A  A  R  R  D  A  I  P  U
I  N  O  F  I  O  V  D  J  W  H  L  W  D
S  Z  C  I  Q  J  E  S  I  R  V  L  R  I
G  Y  M  N  A  S  T  E  G  W  K  Y  T  A
P  Ê  L  F  A  S  G  E  D  W  M  D  Î  D
C  H  W  A  R  A  E  W  R  A  E  D  M  O
```

CANOLWR	GYMNASTEG
MABOLGAMPWR	HOCI
PÊL FAS	GÊM
PÊL-FASGED	CHWARAEWR
HYFFORDDWR	SYMUDIAD
TÎM	I NOFIO
ENILLYDD	STADIWM
GOLFF	TENIS
CAMPFA	BEIC

19 - Chocolat

```
H O F F F P N W Z A G C X J
N C H I N C H W E R W Y G P
S N E Q P O W D R O R N A X
I A B E G S O T I G T H L C
W U B S B N V W S L H W O A
G C A N D Y N Y D O O Y R R
R O R H Z T N U B A C S Ï A
J C P E U U L B L A S I A M
R O X A F C A C A O I O U E
M E L Y S F T A S P D N I L
R Y S Á I T T I U K I L R H
A N S A W D D W S W O D E M
H M D G O N I P Y P L W M W
L H W A T D E J S R X Q O C
```

CHWERW   EGSOTIG
GWRTHOCSIDIOL   HOFF
AROGL   BLAS
CREFFTWYR   CYNHWYSION
CANDY   CNAU COCO
CACAO   POWDR
GALORÏAU   ANSAWDD
CARAMEL   RYSÁIT
BLASUS   SIWGR
MELYS

20 - Mathématiques

```
R  H  I  F  Y  D  D  E  G  C  O  H  C  P
G  E  O  M  E  T  R  E  G  Y  T  A  Y  A
T  R  I  O  N  G  L  J  Q  F  K  F  M  R
C  Y  F  O  C  H  R  O  G  R  Y  A  E  A
O  N  G  L  A  U  X  S  I  O  D  L  S  L
P  E  T  R  Y  A  L  J  G  L  H  I  U  E
B  E  R  P  E  N  D  I  C  W  L  A  R  L
G  W  M  D  C  Z  E  P  Y  R  Â  D  E  O
K  W  U  I  H  L  G  O  L  A  S  R  D  G
K  B  J  A  W  B  O  L  C  D  W  W  D  R
O  C  X  M  X  S  L  Y  H  I  M  R  T  A
A  M  F  E  S  U  R  G  E  W  P  P  V  M
B  Z  G  D  Y  K  Q  O  D  S  G  V  S  J
A  U  F  R  P  R  Z  N  D  K  D  Q  Y  V
```

ONGLAU	BERPENDICWLAR
RHIFYDDEG	AMFESUR
SGWÂR	POLYGON
CYLCHEDD	RADIWS
DEGOL	PETRYAL
DIAMEDR	SWM
HAFALIAD	CYMESUREDD
GEOMETREG	TRIONGL
CYFOCHROG	CYFROL
PARALELOGRAM	

21 - Mythologie

```
H  U  D  O  L  C  A  M  Q  U  Z  C  J  C
G  H  G  A  A  R  W  R  E  L  Z  P  F  R
J  O  E  C  N  E  G  U  W  D  U  W  Q  Y
I  A  O  E  F  D  X  I  X  R  D  T  D  F
X  N  W  N  A  O  D  I  A  L  E  W  H  D
C  G  Z  F  R  A  C  R  E  U  X  S  L  E
R  H  J  I  W  U  M  A  R  W  O  L  T  R
E  E  W  G  O  Y  M  D  D  Y  G  I  A  D
A  N  M  E  L  L  T  V  G  P  X  P  M  U
D  F  H  N  D  I  W  Y  L  L  I  A  N  T
U  I  N  H  E  L  A  B  Y  R  I  N  T  H
R  L  M  S  B  R  H  Y  F  E  L  W  R  X
F  A  T  R  Y  C  H  I  N  E  B  U  V  R
T  O  N  J  I  D  W  K  K  T  H  A  V  J
```

TRYCHINEB	ARWR
YMDDYGIAD	ANFARWOLDEB
CREU	CENFIGEN
CREADUR	LABYRINTH
CREDOAU	CHWEDL
DIWYLLIANT	HUDOL
MELLT	ANGHENFIL
CRYFDER	MARWOL
RHYFELWR	MEDDWL
ARWRES	DIAL

22 - Restaurant #2

```
Y  G  D  Z  Y  F  Y  A  P  B  B  C  R  P
H  T  I  H  X  C  F  P  S  A  L  A  D  L
R  A  A  S  E  A  F  O  S  K  A  D  Ŵ  A
Q  R  L  T  U  C  R  F  R  Y  S  E  R  C
Y  K  L  E  K  E  W  U  G  C  U  I  C  I
N  E  W  D  N  N  Y  E  N  E  S  R  J  N
H  F  Y  A  C  S  T  A  V  T  L  Y  S  I
K  E  Z  G  A  I  H  W  I  E  A  D  L  O
N  T  S  J  W  N  P  Y  S  G  O  D  L  K
A  R  O  S  L  W  Y  A  U  R  M  T  Y  S
E  D  Z  I  B  D  G  L  O  P  F  Z  S  J
N  Y  Z  G  V  L  Q  O  V  D  F  Z  I  A
K  V  Z  I  F  S  B  E  I  S  Y  S  A  D
O  Z  X  E  Â  D  I  O  D  U  W  I  U  Y
```

DIOD
CADEIRYDD
LLWY
BLASUS
CINIO
DŴR
SBEISYS
FFORC
FFRWYTH
CACEN

IÂ
LLYSIAU
NWDLS
WYAU
PYSGOD
SALAD
HALEN
AROS
CAWL

23 - Couleurs

```
P  C  D  Y  F  W  Y  R  H  R  M  M  R  Z
G  O  U  S  I  Q  C  T  I  O  F  A  Z  Q
M  C  I  N  L  A  F  P  S  I  A  W  Q  G
E  H  P  O  R  F  F  O  R  B  I  H  A  W
L  G  W  Y  N  Y  L  Q  K  F  I  I  W  Y
Y  L  G  A  S  E  P  I  A  L  Y  C  A  R
N  A  W  V  T  W  R  I  L  L  W  Y  D  D
Y  S  Y  Y  M  A  G  E  N  T  A  H  I  D
Z  R  R  O  D  V  B  Q  I  C  S  T  O  Z
U  Y  D  N  R  F  A  Z  B  H  U  Q  Y  S
N  V  D  U  H  E  E  X  I  B  R  O  W  N
A  I  L  T  W  G  N  L  C  D  J  W  D  I
C  G  A  W  L  V  C  I  Y  N  G  Q  H  R
H  V  S  R  J  W  U  T  I  N  D  I  G  O
```

ASUR	MAGENTA
LLWYDFELYN	BROWN
GWYN	DU
GLAS	OREN
GWYRDDLAS	PINC
DYFWYR	COCH
LLWYD	SEPIA
INDIGO	GWYRDD
MELYN	PORFFOR

24 - Avions

```
A D E I L A D U B D T C H D
C Y F E I R I A D I A Y P W
I M M Y P K Z E N S N N E G
A U X U E U E M J G W N I L
C C Y N I G I O N Y Y W R A
A H N T L Y W I O N D R I N
H N W T O E E K I I D F A I
S A T Y T J X A B A L Ŵ N O
X I N U D Z U C H D E R T G
Y Z V E R D Y R E U E Z A F
T R M Y S C O I L I A H Y R
U W T E I T H W Y R W H V A
H Y D R O G E N Y T Y M W P
A W Y R G Y L C H R R C D U
```

AWYRGYLCH
GLANIO
ANTUR
BALŴN
TANWYDD
AWYR
ADEILADU
DISGYNIAD
CYFEIRIAD
CRIW

CHWYDDO
UCHDER
CYNIGION
HANES
HYDROGEN
PEIRIANT
LYWIO
TEITHWYR
PEILOT
CYNNWRF

25 - Aventure

```
H A R D D W C H M R O H L K
S E C B S M P Y T X C N U Z
Y Z R Z S A N A R F E R O L
N M D I O G E L W C H R W L
D U O Y A Q P J F M H H S A
O J Q V K U Z M M F H F C W
D N E W Y D D N P J G X A E
B R W D F R Y D E D D N K N
A N H A W S T E R N L B R Y
L L Y W I O J W Y C A W U D
P A R A T O I R G Y H T H D
T E I T H I O D L F E F U W
W Q X X V C Q E U L Z P O R
P V L L Q R Q R S E L O N U
```

HARDDWCH	NATUR
DEWRDER	LLYWIO
PERYGLUS	NEWYDD
CYRCHFAN	CYFLE
HERIAU	PARATOI
ANHAWSTER	DIOGELWCH
BRWDFRYDEDD	SYNDOD
ANARFEROL	TEITHIO
LLAWENYDD	

26 - Ville

```
B V F A R C H N A D B U E S
A W Q V F F E R Y L L F A I
N M Y V L L Y F R G E L L O
C S G T G W E S T Y G N H P
C T N U Y P R I F Y S G O L
L A M K E R S V E L H Q B Y
I D F A H D W Z N O G T O F
N I H Z E D D H M T G H X R
I W A D U S B F S I N E M A
G M U Q C E A E A D H A G U
U K B E C W S W E S P T H R
N X G I Z W E Q Y W O R Y O
Y S G O L C K C O R I E L P
B X S I O P F L O D A U C T
```

MAES AWYR
BANC
LLYFRGELL
BECWS
SINEMA
CLINIG
YSGOL
SIOP FLODAU
ORIEL
GWESTY

SIOP LYFRAU
FARCHNAD
AMGUEDDFA
FFERYLLFA
BWYTY
STADIWM
THEATR
PRIFYSGOL
SW

27 - Cuisine

```
J  C  P  O  P  T  Y  B  K  D  S  G  C  Y
W  W  H  M  N  O  D  D  I  G  B  O  Y  F
G  B  D  O  A  Z  Z  X  P  L  E  V  L  G
B  W  D  O  P  B  N  A  I  L  I  Q  L  R
S  Y  J  B  C  S  O  K  G  W  S  S  Y  I
R  D  A  R  Y  K  T  W  O  Y  Y  F  L  L
Q  Y  R  B  N  E  G  I  L  A  S  F  L  T
L  W  S  X  F  T  L  N  C  U  R  Y  S  Z
T  Z  J  Á  W  Z  H  Z  P  K  F  R  N  E
V  A  F  G  I  I  B  Q  K  F  S  C  T  K
Q  M  F  O  M  T  R  H  E  W  G  E  L  L
F  F  E  D  O  G  O  E  R  G  E  L  L  E
L  L  E  T  W  A  D  C  T  E  G  E  L  L
C  W  P  A  N  A  U  Q  M  C  V  X  P  E
```

CHOPSTICKS	FFYRC
BOWL	GRIL
TEGELL	LLETWAD
RHEWGELL	BWYD
CYLLYLL	JAR
JWG	RYSÁIT
LLWYAU	OERGELL
SBEISYS	NAPCYN
NODDI	FFEDOG
POPTY	CWPANAU

28 - Gentillesse

```
D V O G S W D E Q C T U I R
C I C F O A J T S P D Y B B
A O L L T D I B Y N A D W Y
R U A Y O E D F L S R R U N
I H F S S R V E W U B G C U
A I A B T B K O F Z N T Y H
D S M Y U Y E N R G H K F A
U A R T R N Q E V W A D E P
S K R Y I V X S M E E R I U
Q P W M O I A T H V L Y L S
R Z I O L D Y Q F Y T S L D
P E V Q O T O P C G Q U G I
D D E F N Y D D I O L W A A
U O A A J R L Z D O D B R Z
```

CARIADUS
CYFEILLGAR
SYLW
DILYS
TOSTURIOL
DIBYNADWY
HAEL
HAPUS

ONEST
YSBYTY
CLAF
PARCH
DERBYN
GODDEFGAR
DDEFNYDDIOL

29 - Corps Humain

```
Y  M  E  N  N  Y  D  D  C  L  U  S  T  C
W  V  Q  J  P  B  X  Y  R  F  F  Ê  R  R
R  S  O  S  Z  D  Y  S  N  M  W  N  W  O
E  F  G  P  S  X  I  G  H  U  F  F  Y  E
J  H  W  E  A  G  R  A  Y  W  S  P  N  N
L  R  D  N  G  W  M  L  U  Q  C  W  P  X
I  T  D  E  A  A  J  O  H  X  P  L  Z  C
Y  U  F  L  L  E  B  N  V  Q  M  T  R  X
W  S  S  I  L  D  Y  P  E  N  G  L  I  N
Y  E  G  N  A  I  S  Y  Z  J  Z  P  J  S
N  V  C  W  W  B  G  W  E  F  U  S  A  U
E  D  E  D  Y  E  O  R  E  L  R  O  P  S
B  T  A  F  O  D  F  L  X  C  F  Q  P  N
Q  S  D  Z  E  Z  D  U  A  Y  H  P  E  N
```

GEG	TAFOD
YMENNYDD	GWEFUSAU
FFÊR	LLAW
GWDDF	ÊN
PENELIN	TRWYN
GALON	CLUST
BYS	CROEN
BOLA	GWAED
YSGWYDD	PEN
PEN-GLIN	WYNEB

30 - Épices

```
S  L  I  Y  N  V  P  M  A  A  R  S  G  C
A  I  E  S  M  Y  Y  C  C  Y  R  I  A  A
F  C  N  M  R  B  T  W  H  K  F  N  R  R
F  O  X  A  O  F  F  M  W  R  A  S  L  D
R  R  P  N  M  D  F  I  E  A  N  I  L  A
W  I  E  I  O  O  E  N  R  G  I  R  E  M
M  C  X  S  F  H  N  S  W  H  L  C  G  O
B  E  G  E  U  N  I  O  N  A  A  D  N  M
L  L  B  U  V  F  G  S  E  L  I  C  X  D
E  B  A  Y  U  P  L  U  S  E  G  E  G  S
S  D  Q  S  I  U  J  G  P  N  O  G  J  N
U  D  H  Q  E  P  A  P  R  I  K  A  F  I
R  J  R  D  C  U  I  H  M  Z  V  J  Y  V
U  V  L  C  O  R  I  A  N  D  E  R  Z  D
```

SUR	SINSIR
GARLLEG	NYTMEG
CHWERW	UNION
ANISE	PAPRIKA
SINAMON	PUPUR
CARDAMOM	LICORICE
CORIANDER	SAFFRWM
CWMIN	BLAS
CYRI	HALEN
FFENIGL	FANILA

31 - Science

```
A T O M E S B L Y G I A D E
H R F F I S E G A E X W Z N
F I B N J G D S E B G A Y D
F S N R U S S P B H O Q M I
O T A S A T Y P I S D R E S
S E D C A W Z D P H I E D G
I C L L D W F N A T U R U Y
L E L X X H D D A T A U L R
S M X W G S J D D D J P L C
L E H T K M W Y N A U Z W H
V G R O N Y N N A U J J J I
L O F F A I T H A N I U N A
Q L S T P O R G A N E B L N
S H E P L A N H I G I O N T
```

ATOM
CEMEGOL
HINSAWDD
DATA
ARBRAWF
ESBLYGIAD
FFAITH
FFOSIL
DISGYRCHIANT

LABORDY
DULL
MWYNAU
NATUR
ORGANEB
GRONYNNAU
FFISEG
PLANHIGION

32 - Chats

```
N C U O A I C E L U E U U C
C Y S G U I Y Y D U J M B Y
R H S X R E N N I A U D S F
A E W N P E F F W R F C D L
F L I I O V F A M H L E J Y
A W L O L Y O Y I T D W D M
N Y K P Q F N C R A Z Y F D
C R N A O Q R H H C H K S K
G M K W A D N Y L D E B Z N
K W K Y C N W D D Y T J D E
B F Y X V G R I A I X L I J
N P U L N S Q G P X G H R Z
T O Q R L L L Y G O D E N D
F L X O C T C H W A R E U S
```

HELWYR   PAW
CHWILFRYDIG   YCHYDIG
CYSGU   CYNFFON
CHWAREUS   CYFLYM
EDAFEDD   GWYLLT
CRAZY   LLYGODEN
FFWR   SWIL
CRAFANC

33 - Vêtements

```
C H O M Y F G C F F P C X U
R Ô M E N I G X F D Y S D Z
Y R T N A D Q L E Y J Î N S
S G A R F F P A D N A B O D
H C H W Y S W R O Z M L A T
E S G I D G A T G L A O M Y
T F S A N D A L A U S W P P
L M F U D R P A N T S S P U
P I E A H T U I T S Y R L N
B A Q L S G E R T D X L R D
S W Y G W I S G S I A C E D
U O J L P G W R E G Y S D V
U H B A N B W N U J E Q W A
B R E I C H L E D V E Z T B
```

BREICHLED	SGERT
GWREGYS	CÔT
HET	FFASIWN
ESGID	PANTS
CRYS	CHWYSWR
BLOWS	PYJAMAS
ADNABOD	GWISG
SGARFF	SANDALAU
MENIG	FFEDOG
JÎNS	SIACED

34 - Arts Visuels

```
Q  Z  Z  C  A  B  M  R  B  H  Z  C  P  F
F  F  I  L  M  R  S  I  A  L  C  Y  E  F
C  S  B  A  L  W  T  J  N  B  E  F  N  O
A  E  A  I  V  I  N  I  J  G  R  A  S  T
M  M  R  F  C  J  N  W  S  D  F  N  A  O
P  E  N  A  B  U  F  W  U  T  L  S  E  G
W  Z  Q  W  M  W  N  B  S  W  U  O  R  R
A  G  Z  W  K  E  Y  N  A  A  N  D  N  A
I  Z  D  G  U  P  G  N  J  L  H  D  Ï  F
T  V  M  K  D  G  D  C  T  O  T  I  A  F
H  P  E  N  S  I  L  W  P  H  I  A  E  S
F  A  R  N  A  I  S  Y  X  O  G  D  T  R
C  R  E  A  D  I  G  R  W  Y  D  D  H  J
Y  J  I  O  P  O  R  T  R  E  A  D  K  I
```

PENSAERNÏAETH	CREADIGRWYDD
CLAI	FFILM
ARTIST	SAFBWYNT
CERAMEG	FFOTOGRAFF
CAMPWAITH	PORTREAD
CWYR	CERFLUN
CYFANSODDIAD	PEN
SIALC	FARNAIS
PENSIL	

35 - Méditation

```
E  H  Y  J  W  S  R  P  H  M  D  A  E  D
D  N  A  T  U  R  G  J  E  E  E  C  G  E
T  Q  C  L  R  R  A  R  D  A  W  E  L  R
O  D  K  E  F  F  R  O  D  L  I  M  U  B
S  S  F  R  S  A  F  B  W  Y  N  T  R  Y
T  Y  G  Q  Y  X  E  U  C  Q  J  R  D  N
U  L  Z  O  M  L  R  L  H  K  Q  U  E  M
R  W  R  G  U  X  I  T  S  Y  I  G  R  E
I  C  E  R  D  D  O  R  I  A  E  T  H  D
E  M  O  S  I  Y  N  A  U  Q  I  P  W  D
C  X  J  E  A  A  N  A  D  L  U  W  N  W
H  Q  M  E  D  D  Y  L  I  O  L  I  H  L
C  A  R  E  D  I  G  R  W  Y  D  D  F  L
D  I  O  L  C  H  G  A  R  W  C  H  P  H
```

DERBYN	ARFERION
SYLW	MEDDYLIOL
DAWEL	SYMUDIAD
EGLURDER	CERDDORIAETH
TOSTURI	NATUR
MEDDWL	HEDDWCH
EMOSIYNAU	SAFBWYNT
EFFRO	OSGO
CAREDIGRWYDD	ANADLU
DIOLCHGARWCH	

36 - Littérature

```
R H D A D A N S O D D I A D
H M X Q W R P Y K B C B J F
Y T P V X D C P F A Y Y L D
T Z J E P D U B W R F W E E
H W H U Z U C R B D A G O I
M T C R R L Z Z P D T R D A
Q F T E S L K J H O E A L L
F A D R O D D W R N B F T O
B F C H W E D L C O I F R G
E G U T H E M A P L A I O L
C A S G L I A D W D E A S R
I L C P L N O F E L T D I P
C Q Z Y C E R D D Q H G A A
O M F Q X N N S B G S J D T
```

CYFATEBIAETH
DADANSODDIAD
CHWEDL
AWDUR
BYWGRAFFIAD
CASGLIAD
DEIALOG
FFUGLEN
TROSIAD

ADRODDWR
CERDD
BARDDONOL
ODL
NOFEL
RHYTHM
ARDDULL
THEMA

37 - Nourriture #1

```
K K L G O T L L A E T H C S
I Q E M E F U S C H F D A W
Q N W H M L I M M J W C W I
T I W N A D L C R Z S O L M
W P Z I I I H Y H H S F E L
O A M E P C D N G A X F M A
S I N A M O N D S L S I O A
S B I G O G L Y S E I I N G
B A S I L U N I O N W C A A
O G X S E R C X P E G T K R
Y B A A U G I B M O R O N L
A Y E L K D G L T S J G Y L
Y L R A E E D W Q J R Y O E
E W Z D Y N D M S E S A U G
```

GARLLEG　　　　　MAIP
BASIL　　　　　　UNION
COFFI　　　　　　HAIDD
SINAMON　　　　GELLYG
MORON　　　　　SALAD
LEMON　　　　　HALEN
SBIGOGLYS　　　CAWL
MEFUS　　　　　SIWGR
SUDD　　　　　　TIWNA
LLAETH　　　　　CIG

38 - Jours et Mois

```
D Y D D M A W R T H M F V Y
I B P M A W R T H W E J A A
I O N A W R S A A J H Q I E
D Y D D S U L C A U E O M B
M L D P T O C H W E F R O R
D E C B X T B W L N I D T I
Y N D N P E X E H B N P S L
D J C I O O P D Y M N Q W L
D V C A L E N D R K I P Y E
I G O R F F E N N A F S T O
A D Y D D M E R C H E R H U
U K R D Y D D S A D W R N Z
H Y D R E F S Z F R C U O Z
D Y D D L L U N H U A E S W
```

AWST	DYDD MAWRTH
EBRILL	MAWRTH
CALENDR	DYDD MERCHER
DYDD SUL	MIS
CHWEFROR	TACHWEDD
IONAWR	HYDREF
DYDD IAU	DYDD SADWRN
GORFFENNAF	WYTHNOS
MEHEFIN	MEDI
DYDD LLUN	

39 - Pirates

```
K  L  C  E  F  N  F  O  R  T  F  B  Q  E
M  I  C  P  X  R  U  M  A  P  U  I  D  D
E  G  U  A  C  L  E  D  D  Y  F  W  A  S
A  U  T  R  R  R  R  J  O  A  F  A  R  G
B  R  I  O  A  Y  I  G  G  C  Y  T  N  E
X  A  A  T  I  L  N  W  O  S  I  R  A  O
K  N  N  P  T  C  A  Y  F  U  I  A  U  R
V  G  T  E  H  W  F  L  S  M  H  E  A  P
K  O  U  R  R  C  H  W  E  D  L  T  R  Z
V  R  R  Y  J  A  O  I  A  D  H  H  I  F
E  H  V  G  C  P  T  R  Y  S  O  R  A  S
T  W  C  L  N  T  N  L  Y  M  Q  S  N  U
T  Z  T  G  Q  E  C  W  L  I  M  L  H  T
R  I  Q  L  R  N  Y  G  U  O  D  R  W  G
```

ANGOR	YNYS
ANTUR	CHWEDL
CAPTEN	DRWG
MAP	CEFNFOR
CRAITH	AUR
PERYGL	PAROT
BANER	DARNAU ARIAN
CLEDDYF	TRAETH
CRIW	RUM
OGOF	TRYSOR

40 - Activités

```
D  L  Q  G  E  M  A  U  X  O  N  X  O  P
W  A  B  P  A  Z  K  E  G  X  W  W  G  O
G  F  R  A  C  R  E  F  F  T  A  U  W  S
D  W  H  L  N  W  D  H  U  D  Q  D  E  A
I  G  E  V  L  D  U  D  C  E  L  F  I  U
D  W  L  R  H  E  I  C  I  O  D  O  T  S
D  A  A  C  S  D  N  W  S  O  F  H  H  T
O  U  C  I  P  Y  S  G  O  T  A  A  G  E
R  R  E  K  D  P  L  E  S  E  R  M  A  R
D  G  R  S  P  R  J  L  K  I  P  D  R  W
E  H  A  J  J  H  V  O  A  C  X  D  E  S
B  Y  M  L  A  C  I  O  G  M  G  E  D  O
A  A  E  D  A  W  N  S  I  O  S  N  D  K
U  M  G  W  N  Ï  O  M  X  P  Z  B  P  Z
```

GWEITHGAREDD   GEMAU
CELF   DARLLEN
CREFFTAU   HAMDDEN
GWERSYLLA   HUD
CERAMEG   PYSGOTA
HELA   PLESER
GWNÏO   POSAU
DAWNSIO   HEICIO
DIDDORDEBAU   YMLACIO
GARDDIO   GWAU

41 - Fleurs

```
T M A G N O L I A A L T E V
L E L O G F Y D S P E T A L
A I G D A N T Y L L E W U I
F L P E L B D V C W O O U L
A L I Y I D K I C L K N N Y
N I Q G X R H O S Y N L K Y
T O J R H W I P A K W A T T
W N A R L I J A S M I N E I
J L R E R F B B N T U S W W
Z Y A S Z F W I N F P Q F L
P L U M E R I A S D Q R U I
K G A R D E N I A C W J H P
H N S Z D E U P F V U U M C
L L Y G A D Y D Y D D S C J
```

TUSW   TEGEIRIAN
GARDENIA   PABI
HIBISCUS   PETAL
JASMINE   DANT Y LLEW
LAFANT   PEONY
LELOG   PLUMERIA
LILY   RHOSYN
MAGNOLIA   MEILLION
LLYGAD Y DYDD   TIWLIP

42 - Nourriture #2

```
E  P  D  A  L  M  O  N  P  P  T  B  H  L
T  G  Y  Z  F  T  I  N  T  Y  S  A  C  M
O  W  G  P  U  A  S  Y  Y  S  I  R  Y  A
M  E  Z  P  T  G  L  C  V  G  O  A  W  D
A  N  U  N  L  R  E  I  S  O  C  Z  I  A
T  I  T  X  V  A  P  W  E  D  L  H  Â  R
O  T  Y  W  Z  W  N  I  L  U  E  I  R  C
D  H  V  R  T  N  C  T  E  B  D  U  A  H
J  A  Z  W  B  W  W  I  R  Y  G  U  T  T
H  M  Z  F  E  I  S  F  I  S  H  P  T  M
E  B  A  N  A  N  A  B  R  O  C  O  L  I
T  W  W  N  W  S  N  E  A  Z  T  F  P  P
P  Y  K  L  G  B  X  D  T  Q  K  B  Y  T
C  E  I  R  I  O  S  Q  K  J  N  E  F  J
```

ALMON	CIWI
EGGPLANT	MANGO
BANANA	WY
GWENITH	BARA
BROCOLI	PYSGOD
CEIRIOS	AFAL
SELERI	CYW IÂR
MADARCH	GRAWNWIN
SIOCLED	REIS
HAM	TOMATO

43 - Océan

```
I N O Z X V H X S T V S C S
E P R X C M O R F I L G R I
L L Y S Y W O D B W L L W A
S K N F C C A E N A E B R R
G T R O I W T H R A N F A C
H N O L S R O A D U W R N R
P W G R U E P L Y P C O O A
S I Y R M L W E S Y S D D N
X T M S X N S N P S V M D C
L A W E T N E A C G E Ô I K
L T L C C R D Y N O U R E S
T O N N A U Y Y U D S I M C
Q G W Y M O N S Y V L S F P
P Z F D D O L F F I N P M C
```

GWYMON
LLYSYWOD
MORFIL
CWCH
CWREL
CRANC
BERDYS
DOLFFIN
NODDI
WYSTRYS

LLANW
SGLEFROD MÔR
PYSGOD
OCTOPWS
SIARC
HALEN
STORM
TIWNA
CRWBAN
TONNAU

44 - Remplir

```
S G A H K F V P H C E D B B
X G C S A B B J A R C P T W
M I T H O F S P M I E O N C
T L L G C P W E B L W C H E
B J B Y S O T C W B J E K D
I F S J V T P Y R T T D G R
F F O L D E R N D D K I K Ô
B G E V T L T G D C Ê S W R
A A V A S E B W N A U C Y B
G S S C I R A S B W V A G D
M G K G V W S X D E Y R A S
M E V G E H N E J L G T L E
T N U Z Q D P B Q L Q O Q R
Q F B U A M L E N D U N C K
```

TWB	PECYN
GASGEN	HAMBWRDD
BASN	POCED
BLWCH	JAR
POTEL	BAG
CAWELL	BWCED
CARTON	DRÔR
FFOLDER	TIWB
AMLEN	CÊS
BASGED	VASE

45 - Ballet

```
V I C D W Y S E D D O J K G
R G Y N U L L E I D F A E W
C C M T E C H N E G C V Z E
U O E S D A W N S W Y R A R
Y N R L D A J J X F H V R S
M Q A R T I S T I G Y A D I
A Z D W D V S R Z S R L D S
R M W M D O J E E J A L U M
F U Y D O D I X I C U V L E
E T A T P F Y S T U M T L J
R B E M Y N E G I A N N O L
F K T R H Y T H M Z X M I M
F I H C O R E O G R A F F I
C E R D D O R I A E T H K B
```

CYMERADWYAETH
ARTISTIG
COREOGRAFFI
DAWNSWYR
MYNEGIANNOL
YSTUM
DWYSEDD
GWERSI

CYHYRAU
CERDDORIAETH
GYNULLEIDFA
YMARFER
RHYTHM
UNAWD
ARDDULL
TECHNEG

46 - Fruit

```
H A M Q A W C E M U H W U W
M E L O N G E I P A P W T F
A R V K E E I R E T N M E E
F O A G E L R I A X N G Q A
O N R P C L I N C W E T O F
N G X E B Y O F H W C R N A
J A B P N G S W O U T C I L
G M S A F O C A D O A U Z J
N V P P N A Z Z M P R Y R K
P G U A V A V L F F I G W K
C I W I D U N M O A N T Z C
L C B A K W R A Y E E M I M
L E M O N W B R I C Y L L I
M N E G R A W N W I N Q Z C
```

BRICYLL	MANGO
AFOCADO	MELON
AERON	NECTARINE
BANANA	OREN
CEIRIOS	PAPAIA
LEMON	PEACH
FFIG	GELLYG
MAFON	AFAL
GUAVA	EIRIN
CIWI	GRAWNWIN

47 - Surf

```
F  X  O  G  Q  D  N  O  F  E  P  A  T  U
B  B  D  H  I  O  W  E  L  I  O  R  O  F
U  T  T  T  L  N  L  C  J  T  B  D  R  G
D  Q  D  F  K  Y  O  N  C  H  L  D  F  M
Y  N  F  T  V  Z  F  F  A  A  O  U  E  A
C  E  Z  T  P  D  M  Y  I  F  G  L  Y  B
P  E  N  C  A  M  P  W  R  O  A  L  D  O
O  W  U  C  T  C  R  B  F  L  I  E  D  L
Y  Y  H  I  R  T  E  B  R  J  D  H  G  G
J  N  D  P  A  Y  B  F  O  L  D  K  S  A
B  O  L  A  E  W  F  U  N  H  U  Z  V  M
D  M  P  R  T  Y  G  D  A  F  Z  K  A  P
E  J  Z  D  H  D  A  S  E  G  O  H  N  W
O  H  W  Y  L  D  G  L  H  R  N  R  C  R
```

HWYL	EWYN
MABOLGAMPWR	I NOFIO
PENCAMPWR	CEFNFOR
BOLA	TRAETH
EITHAFOL	POBLOGAIDD
CRYFDER	ARDDULL
TORFEYDD	DON
TYWYDD	

48 - Technologie

```
C  C  Y  F  R  I  F  I  A  D  U  R  A  S
C  Y  L  V  T  S  N  T  D  A  W  B  E  L
R  A  R  N  O  L  E  S  T  T  X  Y  Y  A
H  T  M  C  L  P  G  M  G  A  Z  T  Y  R
Y  G  R  E  H  X  E  E  D  R  D  E  Y  D
N  F  H  J  R  W  S  L  G  K  I  S  S  D
G  Q  I  R  J  A  R  G  F  F  O  N  T  A
R  I  T  Y  T  S  J  Q  O  R  G  Y  A  N
W  N  H  M  E  D  D  A  L  W  E  D  D  G
Y  R  W  C  C  Y  T  U  W  Q  L  P  E  O
D  N  I  H  G  R  B  Z  L  T  W  W  G  S
W  N  R  W  L  U  L  E  U  K  C  S  A  F
F  F  E  I  L  P  O  R  W  R  H  I  U  O
A  Q  F  L  D  I  G  I  D  O  L  J  X  O
```

ARDDANGOS	PORWR
BLOG	DIGIDOL
CAMERA	BYTES
CYRCHWR	CYFRIFIADUR
DATA	FFONT
SGRIN	YMCHWIL
FFEIL	DIOGELWCH
RHYNGRWYD	YSTADEGAU
MEDDALWEDD	RHITHWIR
NEGES	

49 - Météo

```
F D A C M I P J X G N R T E
M L W V O O D O K R I T A E
B D Y T N R A H L A W Y R T
S O R R S S W S N A L M A S
O Y G O Ŵ J E Y E I R H N T
X H Y F N Y L C N Â C E A F
A W L A W E L H F T I R U C
G H C N R B P D Y O Q E B B
K F H N E T Y E S R W D M X
R S T O R M Y R Y N G D H O
Q H Y L I E R R C A W G M E
H I N S A W D D H D Y N H Z
R D V C W M W L J O N U V F
J U X K X G Y T J N T A K X
```

ENFYS
AWYRGYLCH
AWEL
NIWL
DAWEL
AWYR
HINSAWDD
IÂ
MONSŴN
CWMWL

CORWYNT
POLAR
SYCH
SYCHDER
TYMHEREDD
STORM
TARANAU
TORNADO
TROFANNOL
GWYNT

50 - Châteaux

```
C  L  E  D  D  Y  F  K  M  S  G  K  X  Q
R  E  I  P  H  Y  V  K  M  D  B  A  Y  G
O  R  F  B  O  N  H  E  D  D  I  G  E  X
A  U  F  F  K  O  L  L  E  R  A  Y  R  R
G  W  I  M  Y  B  Z  N  Y  A  R  M  E  U
C  E  W  P  A  L  A  S  R  I  M  E  A  Y
A  P  D  G  I  R  V  L  N  G  O  R  O  N
T  Y  A  P  N  I  C  W  A  L  A  O  W  O
A  D  L  U  U  T  D  H  S  A  R  D  A  O
P  O  L  T  Y  W  Y  S  O  G  F  R  Y  M
U  N  I  C  O  R  N  V  E  G  W  A  O  C
L  L  D  U  L  I  E  D  C  L  I  E  J  I
T  A  R  I  A  N  S  H  C  K  S  T  A  G
T  Y  W  Y  S  O  G  E  S  P  G  H  N  T
```

ARFWISG	FFIWDAL
TARIAN	GAER
CATAPULT	UNICORN
CEFFYL	WAL
MARCHOG	BONHEDDIG
GORON	PALAS
DDRAIG	TYWYSOG
DYNES	TYWYSOGES
YMERODRAETH	DEYRNAS
CLEDDYF	TWR

51 - Randonnée

```
I  L  G  I  H  C  P  A  R  A  T  O  I  A
H  P  W  P  A  X  C  U  R  E  R  F  G  N
C  E  Y  A  U  O  A  Q  O  S  W  J  X  I
E  R  L  R  L  H  B  B  O  G  M  A  P  F
R  Y  L  C  Y  F  E  I  R  I  A  D  C  E
R  G  T  I  F  L  I  N  E  D  I  G  A  I
I  L  R  A  O  G  X  H  J  I  V  W  N  L
G  O  W  U  N  Y  N  I  X  A  F  E  L  I
Y  N  T  O  M  I  M  N  A  U  A  R  L  A
S  F  E  Y  Q  A  Y  S  O  V  E  S  A  I
C  L  O  G  W  Y  N  A  T  U  R  Y  W  D
P  Q  A  P  J  Y  Y  W  P  I  M  L  I  K
B  I  N  D  K  Y  D  D  Ŵ  R  Z  L  A  K
Z  T  E  X  I  I  D  D  Q  U  Z  A  U  S
```

ANIFEILIAID	TRWM
ESGIDIAU	TYWYDD
GWERSYLLA	MYNYDD
MAP	NATUR
HINSAWDD	CYFEIRIAD
PERYGLON	PARCIAU
DŴR	CERRIG
CLOGWYN	PARATOI
FLINEDIG	GWYLLT
CANLLAWIAU	HAUL

52 - Art

```
S P E R S O N O L Z M H S C
M W Y S B R Y D O L I L Y Y
Y N R S R H V H V K R C M F
N C R E U W E B N N T E L A
E E O S A Y F F I G U R P N
G R N Y B L L R S W K A A S
I F E M Z I A H L H D M E O
A L S B C A I E K U G I N D
N U T O P U H C T O V G T D
T N K L P H L O J H L G I I
B A R D D O N I A E T H A A
G W R E I D D I O L E K D D
P O R T R E A D U X H D A R
C Y M H L E T H S Z C Q U E
```

CERAMIG   GWREIDDIOL
CYMHLETH   PAENTIADAU
CYFANSODDIAD   PERSONOL
CREU   BARDDONIAETH
PORTREADU   CERFLUN
MYNEGIANT   SYML
FFIGUR   PWNC
ONEST   SWREALAETH
HWYLIAU   SYMBOL
YSBRYDOLI

53 - Nutrition

```
S I P R W S S P A C B D Z O
A A E Z J C A W N Y W L C X
W R P C Y W D Y S T Y E A O
S C P C H V W S A B T Q R S
J H R Y A Y F A W A D B B
B W O J S D D U D Y D F O E
J A T D E I E T D S W I H I
T E E G W E N W Y N Y T Y S
Y T I G A L O R Ï A U A D Y
X H N C H W E R W A L M R S
P F A J Z P T R E U L I A D
I E U B V W P Y W O Q N D N
Y N E P L E S U M T Z E A Q
I A C H Y L I F A U U Z U G
```

CHWERW	HYLIFAU
ARCHWAETH	PWYSAU
GALORÏAU	PROTEINAU
BWYTADWY	ANSAWDD
DEIET	IACH
TREULIAD	IECHYD
SBEISYS	SAWS
CYTBWYS	BLAS
EPLESU	GWENWYN
CARBOHYDRADAU	FITAMIN

54 - Science Fiction

```
M N S Y R E A L I S T I G Q
Y A V F K Y C U T O P I A O
R O B O T I A I D N F R L R
F A Q Q B Y D P J S S H A S
D Y F O D O L A I D D I E I
Y T L F I N C B T I S T T N
C E L E R H K V G R E H H E
H C L I B W Y U B G N A F M
M H Y T Â N Y V Q E A T H A
Y N F H V V D L L R O T H
G O R A C L E W R K I M I G
O L A F G W Y C H A O I H T
L E U O E U A G V O D G Q Q
A G B L A N E D S O M M N K
```

ATOMIG	LLYFRAU
SINEMA	BYD
FFRWYDRAD	DIRGEL
EITHAFOL	ORACLE
GWYCH	BLANED
TÂN	REALISTIG
DYFODOLAIDD	ROBOTIAID
GALAETH	SENARIO
RHITH	TECHNOLEG
DYCHMYGOL	UTOPIA

55 - Vertus #1

```
S  C  K  O  P  D  B  A  C  X  N  S  U  C
G  Y  E  F  F  E  I  T  H  L  O  N  B  C
D  M  U  F  E  I  F  B  P  A  A  D  A  H
D  E  A  L  L  U  S  S  Y  S  T  F  C  W
A  D  M  H  T  W  W  X  M  N  T  O  I  I
N  R  U  F  Q  Y  Y  L  A  P  A  O  A  L
N  O  T  W  C  W  N  I  R  E  H  D  B  F
I  L  H  I  Z  G  O  H  F  N  A  O  W  R
B  O  U  L  S  W  L  C  E  D  E  E  S  Y
Y  V  C  C  A  T  H  W  R  A  L  T  N  D
N  F  M  Y  L  X  I  J  O  N  I  H  Q  I
N  Q  T  O  Â  C  D  G  L  T  O  Q  D  G
O  H  Y  R  N  A  N  G  E  R  D  D  O  L
L  U  H  Y  D  E  R  U  S  H  V  S  A  B
```

ARTISTIG	ANNIBYNNOL
DA	DEALLUS
SWYNOL	CYMEDROL
HYDERUS	ANGERDDOL
CHWILFRYDIG	CLAF
PENDANT	YMARFEROL
EFFEITHLON	LÂN
DIBYNADWY	DOETH
HAEL	

56 - Professions #1

```
G O L Y G Y D D Y D G P D C
P L Y M W R K Y P I W I A Y
M S E R Y D D W R F Y A W F
H E L W Y R A C X F D N N R
N O D W E G E E Y O D Y S E
V Y D D U A R R D O D I I
J T R F Y Q R D Q D N D W T
Q T T S U G E D W W Y J R H
N E G S K O G O Y R D P F I
U Z C E W G W R N T D W L W
X C T I M M R J X Â Z K N R
Y F Z L L Y S G E N N A D H
H Y F F O R D D W R P Q O Z
B A N C I W R D G V P I P U
```

LLYSGENNAD
SERYDDWR
CYFREITHIWR
BANCIWR
GEMYDD
HELWYR
DAWNSIWR
HYFFORDDWR
GOLYGYDD

DAEAREGWR
NYRS
MEDDYG
CERDDOR
PIANYDD
PLYMWR
DIFFODDWR TÂN
GWYDDONYDD

57 - Géologie

```
Q P V C T P G C P H S N M W
S E Z W A A U W L K K I W R
G Q S R W R V H A E N C Y H
W E W E D T A H F S Q Y N A
Z I Y L D H S O A Z T F A L
C B D S C R I S I A L A U E
C W I S E B D R O R T N D N
A K A V A R O G O F K D C N
L A G R Q Z V Q E B N I A P
S C V G T P C H F U M R R Y
I J F F O S I L B A B T R R
W L L O S G F Y N Y D D E T
M S T A L A G M I D A U G U
Z L X E S T A L A C T I T E
```

ASID	LAFA
CALSIWM	MWYNAU
OGOF	CARREG
CYFANDIR	GWASTAD
CWREL	CWARTS
HAEN	HALEN
CRISIALAU	STALACTITE
TAWDD	STALAGMIDAU
FFOSIL	LLOSGFYNYDD
GEYSER	PARTH

58 - Cirque

```
R T W K D T C L O W N C C T
H E C K H E O S P X O P T D
O I V N F O W C C T G D T I
D G F G I S E I Y A S L G T
F R B Y S B L E N Y D D D
A C S W G W I S G O E D D I
J W I A N I F E I L I A I D
O I G Z H D F E R Q L B E D
H B N W G G A C R O B A T A
F D D U Y C N P A B E L L N
L L E W B L T X E D Y W O U
F L X N F S I O E M W N C I
S I W G L W R W N U D A C K
S V Q C P D J T R I H U D O
```

ACROBAT
ANIFEILIAID
BALWNAU
TOCYN
CLOWN
GWISGOEDD
DIDDANU
ELIFFANT
SIWGLWR
LLEW

DEWIN
HUD
SIOE
RHODFA
MWNCI
YSBLENNYDD
GWYLIWR
PABELL
TEIGR

59 - Jardin

```
C R Q S P T K M K P K F G L
V Y H M A I N C J R P F A A
N P N A E P B I E I W E R W
N C R T W S G E K D L N E N
G Q H C E G E Y L D L S J T
A B A W F D C C R L L W Y N
R L C O E D D H W U O E P D
D O A G L A S W E L L T V E
D D K V P E H Y O I K E W B
I Y M O D I L N W X R R D W
C N T R A M P O L Î N A C D
Y P K W G V G Q E F U S Y R
H A M M O C K B U X J A S R
Y V U P C H W I N W Y D D G
```

COED	CHWYN
MAINC	RHAW
LLWYN	LAWNT
FFENS	CYNTEDD
PWLL	RHACA
BLODYN	PRIDD
GAREJ	TERAS
HAMMOCK	TRAMPOLÎN
GLASWELLT	PIBELL
GARDD	WINWYDD

60 - Barbecues

```
D A Z L O Z P F F Y B X P C
S A L A D A U U F F A Y O Y
A E W E F Z B G Ŷ R K H E W
W I D H F G Z E R B W C T I
S T O A C S X X C I J Y H Â
N T Z F Y X O O U Q L L T R
C E M L L Y S I A U T L R H
R U W L L Q C I N I O Y S A
A L P Y N I I E N J M L P L
N U V N N O U T I G A L U E
C E R D D O R I A E T H P N
S Y R T H I O N T M O L U F
P L A N T H E O P A S A R E
A Y O X R B M N V U X Y B B
```

POETH
CYLLYLL
CINIO
PLANT
HAF
NEWYN
TEULU
FFYRC
FFRWYTH
GRIL

GEMAU
LLYSIAU
CERDDORIAETH
SYRTHION
PUPUR
CYW IÂR
SALADAU
SAWS
HALEN
TOMATOS

61 - Anniversaire

```
K U D N O U N Y F L K D A Z
L L A W E N A A X W X F M I
V P T N C Â N H W Y L F S D
Y E H Z A C W A A T B R E D
C B L V C B Y P C S W I R Y
D B I S E G D U F K D N E S
Z C A Y N H Y S U S C D Z G
Y X D H C J Z C A R D I A U
B L W Y D D Y N A R E A S M
D O E T H I N E B L H U D X
A R B E N N I G I N E O Y U
O Y V K Z E O Q Y X R N D R
I F A N C I L E W B T I D D
C A N H W Y L L A U R W S R
```

FFRINDIAU
HWYL
BLWYDDYN
I DDYSGU
CANHWYLLAU
RHODD
CALENDR
CARDIAU
CÂN
DATHLIAD

CACEN
HAPUS
IFANC
DYDD
LLAWEN
ANWYD
DOETHINEB
ARBENNIG
AMSER

62 - Animaux de Compagnie

```
W Z M K T A C H G A K C I P
N P I Q N W Ŵ A A D Ŵ R U Q
A B A V L Y N M F B U W C H
X Q W R A B B S R F O B C M
C A H Y O X A T V D H A Y A
R A R H D T C E C B L N N D
A S T U W R H R C M T D F F
F M N H L L Y G O D E N F A
A P Y S G O D N L E W I O L
N R C W N I N G E N E J N L
G W A C R P B D R N M V G W
A B D Z C Y U X D Y J Y Y E
U R U J A Z G H E N M K Y I
M I L F E D D Y G W P T G P
```

CATH   MADFALL
GAFR   BWYD
CI   PAROT
CŴN BACH   PYSGOD
COLER   CYNFFON
DŴR   LLYGODEN
CRAFANGAU   CRWBAN
HAMSTER   BUWCH
DENNYN   MILFEDDYG
CWNINGEN

63 - Forêt Tropicale

```
G N A T U R F O D G Y L M B
A W O R H P G C Y N V U A O
M R E X B C Y M U N E D M T
F H C R F Y M J Y N G L A A
F Y A L T N G W E R W C L N
I W D L P H A L S F T Y I E
B O W O R E F D B O E M A G
I G R C Y N M A A I G Y I O
A A A H F I I D W R U L D L
I E E E E D K F M R U A R I
D T T S D H X E P A P U X M
T H H A Q G O R O E S I I H
P A R C H I N S A W D D C M
Q U A M R Y W I A E T H D V
```

AMFFIBIAID	MWSOGL
BOTANEGOL	NATUR
HINSAWDD	CYMYLAU
CYMUNED	ADAR
AMRYWIAETH	GWERTHFAWR
RHYWOGAETHAU	CADWRAETH
CYNHENID	LLOCHES
PRYFED	PARCH
JYNGL	ADFER
MAMALIAID	GOROESI

64 - Insectes

```
Q  V  T  E  R  M  I  T  E  U  Z  P  C  B
X  O  F  I  U  M  O  R  G  R  U  G  I  J
E  I  T  X  K  P  Z  S  G  U  R  F  C  J
X  G  L  A  D  Y  B  U  G  W  E  T  A  T
L  W  Z  M  I  O  A  Y  G  I  E  G  D  G
C  A  C  Y  N  E  N  T  J  J  T  N  A  W
L  S  R  E  M  A  N  T  I  S  Q  O  Y  F
O  Y  C  F  X  P  R  Y  F  O  R  V  F  N
C  N  G  C  A  H  G  L  Ö  Y  N  B  Y  W
U  E  C  H  W  I  L  E  N  Y  O  Q  G  L
S  I  A  W  E  D  B  K  M  U  K  T  Y  L
T  D  D  A  C  H  W  I  L  E  N  D  D  U
C  R  W  I  E  T  O  Z  X  K  M  M  G  Y
V  L  J  N  T  S  M  B  G  L  Y  F  Q  Z
```

GWENYN	MANTIS
CHWILEN DDU	MOSGITO
CICADA	GLÖYN BYW
LADYBUG	CHWAIN
LOCUST	APHID
MORGRUG	CHWILEN
CACYNEN	TERMITE
LARFA	PRYF
GWAS Y NEIDR	

65 - Ferme #1

```
M D K V I I R M U B X D F K
H D M B D T V Y Z J H I F F
D I B U W C H N S J M A E S
Ŵ A P R R Y C A T H S D N D
R D M R E W I Q T A Q U S G
E E O Ê E I H I K E L N Q W
H L L O L Â S C E F F Y L R
F L G A F R A S Y N M W Q T
R Z W W L D K R P L O C Q A
Â S A Q E D Y M V F C L S I
N B I S O N C F U J H P X T
P W R R L T Y B E M Y A U H
Y J V J K F S N E R N D R J
B S E K H L P C T G B C T A
```

GWENYN	FRÂN
ASYN	DŴR
BISON	GWRTAITH
MAES	GWAIR
CATH	MÊL
CEFFYL	CYW IÂR
GAFR	REIS
CI	DDIADELL
FFENS	BUWCH
MOCHYN	LLO

66 - Escalade

```
C O R F F O R O L W R S M S
M A P W V D L T T C L Z T E
E R N O B S W W O R O U C F
N B C L A W Y R G Y L C H Y
I E T U L M Z W O F H H W D
G N I W L A N A F D E D I L
G I R F Y E W D S E R E L O
D G X J W S N I U R I R F G
H W K A W G D U A W A P R R
U R O H E I C I O U U I Y W
D W U A W D D H W I X P D Y
G A D Z O I O V E E S R E D
S D F C J A E V P L W L D D
H L S J A U D B I R M C D X
```

UCHDER	CUL
AWYRGYLCH	CRYFDER
ANAF	MENIG
ESGIDIAU	OGOF
MAP	CANLLAWIAU
HELM	CORFFOROL
CHWILFRYDEDD	HEICIO
HERIAU	SEFYDLOGRWYDD
ARBENIGWR	TIR

67 - École #2

```
C U U E R Y G Y S D Y S G U
A D D Y S G E S G I D I A U
I C U O I Z M G D L S R T V
F M C A U P A R G L E W H K
L L Y F R A U I P Y V D R X
P I F C F P F F E F Z B O N
I B R L N U L E N R B C E V
S I I V W R N N S G N W K F
Z C F X A X B N I E M R S U
N A I R F R O U L L J A G P
G R A M A D E G S L X U T K
S I D A R L L E N G T N N H
Z J U C A L E N D R J P T K
F M R G E I R I A D U R E B
```

DYSGU
LLYFRGELL
BWS
CALENDR
ESGIDIAU
SISWRN
PENSIL
GEIRIADUR
ATHRO

YSGRIFENNU
ADDYSG
GRAMADEG
GEMAU
DARLLEN
LLYFRAU
MATH
CYFRIFIADUR
PAPUR

68 - Antarctique

```
V D L O O X P F T L U G R D
P V M Z C R E I G I O G F A
T T V G S Y N Y S O E D D E
S Y J W C M R M W Y N A U A
A M G Y L C H E D D N Q O R
M H U D U H Y X Ŵ M X G M Y
Y E V D F W N F R F D M Y D
L R N O O I Â V A W A O S D
H E Z N I L N F Z N Z R A I
L D G O W Y K X J V D F D A
Z D S L J D A D A R Q I V E
Q D B A E D A I T H G L R T
C A D W R A E T H V Y O A H
R H E W L I F O E D D D Q M
```

BAE
MORFILOD
YMCHWILYDD
CADWRAETH
CYFANDIR
DŴR
AMGYLCHEDD
DAITH
DAEARYDDIAETH
IÂ

RHEWLIFOEDD
YNYSOEDD
MUDO
MWYNAU
ADAR
PENRHYN
CREIGIOG
GWYDDONOL
TYMHEREDD

69 - Professions #2

```
I E I T H Y D D D I G J Q I
M S D E I N T Y D D O W Q D
Y M C H W I L Y D D F A M A
G A R D D W R M E S O T C R
Z P E I L O T V G T D H L L
J U J O P E I N T I W R A U
L L A W F E D D Y G R O T N
M Y X B I O L E G Y D D H Y
N E W Y D D I A D U R W R D
K B D I T E C T I F C J O D
K I U D F F E R M W R W N U
F H O D Y F E I S I W R Y M
F F O T O G R A F F Y D D Y
P E I R I A N N Y D D A D D
```

FFERMWR	DYFEISIWR
GOFODWR	GARDDWR
BIOLEGYDD	NEWYDDIADURWR
YMCHWILYDD	IEITHYDD
LLAWFEDDYG	MEDDYG
DEINTYDD	PEINTIWR
DITECTIF	ATHRONYDD
ATHRO	FFOTOGRAFFYDD
DARLUNYDD	PEILOT
PEIRIANNYDD	

70 - Les Abeilles

```
A M R Y W I A E T H C U F G
E C O S Y S T E M A E W N B
P K I I X X T R B U P O C D
C W Y R H H B R X L B D O H
G A R D D P B W Y D A K K B
J J T H R Q R B U D D I O L
K A W Z Q W E Y N T E F X O
K B L C C Y N E F I N F K D
M W S M K L H O C E Y R R A
W Ê B R P A I L L B D W V U
G B L O D Y N K K Z D Y H V
N F Y L C O E P F T F T U C
H A I D Z V S J T G Q H F Y
P L A N H I G I O N R B U R
```

ADENYDD
BUDDIOL
CWYR
AMRYWIAETH
HAID
ECOSYSTEM
BLODYN
BLODAU
FFRWYTH
MWG

CYNEFIN
PRYFED
GARDD
MÊL
BWYD
PLANHIGION
PAILL
BRENHINES
CWCH
HAUL

71 - Dinosaures

```
D  D  A  E  A  R  A  D  E  N  Y  D  D  R
E  D  I  E  F  L  I  G  I  Y  S  I  W  H
N  T  D  M  Q  M  M  R  L  M  G  F  C  Y
F  F  O  S  I  L  A  U  K  L  L  L  Y  W
A  R  M  Y  Q  C  M  W  T  U  Y  A  N  O
W  T  N  V  R  W  O  O  R  S  F  N  F  G
R  O  I  V  O  C  T  Y  C  G  A  I  F  A
O  Y  V  I  H  W  H  Z  R  I  E  A  O  E
C  M  O  M  A  I  N  T  G  A  T  D  N  T
Q  N  R  P  P  L  D  H  U  I  H  D  J  H
P  W  E  R  U  S  R  J  B  D  H  L  X  A
C  Y  N  H  A  N  E  S  Y  D  D  O  L  U
E  S  B  L  Y  G  I  A  D  S  A  O  S  L
F  Q  X  K  Y  L  L  Y  S  I  E  U  Y  N
```

ADENYDD	OMNIVORE
DIFLANIAD	CYNHANESYDDOL
RHYWOGAETHAU	YSGLYFAETH
ENFAWR	PWERUS
ESBLYGIAD	CYNFFON
FFOSILAU	YMLUSGIAID
MAWR	MAINT
LLYSIEUYN	DDAEAR
MAMOTH	DIEFLIG

72 - Conduite

```
L T A S R Z C N H A F L P T
B R E C I A U W M A P H T K
B A C C A R N Y F F O R D D
E F L E Y S K G T W N N E L
I F U R X F O S A Q J Z H O
C I D D G I L L A R O L E R
M G I D A S C Y Q M E W D I
O U A W E M O C M O I J D G
D R N Y N S W F T D P I L C
U A T R I Y F A M U E Z U N
R T A N W Y D D I R R R D N
T R W Y D D E D S N Y L A Q
G Z F I W H S T F Q G Z K P
X Y P Y S D I O G E L W C H
```

DAMWAIN	BEIC MODUR
LORI	CERDDWYR
TANWYDD	HEDDLU
MAP	FFORDD
PERYGL	DIOGELWCH
BRECIAU	TRAFFIG
GAREJ	CLUDIANT
NWY	TWNNEL
TRWYDDED	CYFLYMDER
MODUR	CAR

73 - Plantes

```
C P E T A L C K C G T S U K
G O Y Z F L O R A A D N P Y
T X E M Z L I L E R C T T G
Y L I D M Y N H R D U T J L
F L D A W S B L O D Y N U A
U Y D I S I P C N Z F F H S
D S E L O E G T O K F X K W
D T W U G U W T G E A J C E
U Y T Y L E R B J D D F J L
I F N T C G T L L W Y N D L
E I G O R B A M B Ŵ R A N T
O A G W R A I D D R X W Q L
X N X W A D T Z A V F G A C
O T U T G Y H U T O F P K N
```

COED	COEDWIG
AERON	TYFU
BAMBŴ	FFA
LLYSIEUEG	GLASWELLT
LLWYN	GARDD
CACTUS	EIDDEW
GWRTAITH	MWSOGL
DAIL	PETAL
BLODYN	GWRAIDD
FLORA	LLYSTYFIANT

74 - Ferme #2

```
K  L  Q  H  B  Z  L  N  B  U  G  A  I  L
F  A  L  B  F  W  Y  P  C  T  K  R  H  X
G  M  S  A  F  H  Y  A  O  A  T  V  O  B
A  A  F  T  E  C  Q  D  R  U  P  E  E  Y
E  P  F  P  R  T  T  S  N  D  W  C  H  T
D  H  R  S  M  J  H  L  L  Y  S  I  A  U
D  D  W  X  W  Q  V  F  D  T  B  V  G  Y
F  E  Y  Y  R  O  N  B  Y  R  E  P  W  S
E  F  T  C  A  A  R  J  F  A  R  D  E  G
D  A  H  A  I  D  D  I  R  C  L  Ô  N  U
C  I  B  Z  Z  E  W  H  T  L  L  I  B
D  D  N  Q  I  F  G  N  A  O  A  C  T  O
C  I  G  O  E  N  P  D  U  R  N  P  H  R
A  N  I  F  E  I  L  I  A  I  D  G  E  Q
```

CIG OEN	LAMA
FFERMWR	LLYSIAU
ANIFEILIAID	CORN
BUGAIL	DEFAID
GWENITH	AEDDFED
HWYADEN	BWYD
FFRWYTH	HAIDD
YSGUBOR	DÔL
DYFRHAU	TRACTOR
LLAETH	BERLLAN

75 - École #1

```
S  Q  X  H  W  Y  L  F  D  F  L  L  I  C
P  M  V  F  Y  E  F  F  E  F  L  L  D  I
J  A  I  Y  D  F  G  O  S  R  Y  Y  D  N
E  T  P  S  D  A  P  L  G  I  F  F  Y  I
V  H  R  U  O  G  V  D  M  N  R  R  S  O
F  A  P  I  R  C  L  E  R  D  A  G  G  S
A  T  H  R  O  L  B  R  T  I  U  E  U  D
A  A  S  F  W  R  H  I  F  A  U  L  I  P
C  A  D  E  I  R  Y  D  D  U  L  L  L  Q
W  G  F  K  H  G  G  E  P  E  N  S  I  L
I  C  O  R  L  A  N  N  A  U  H  S  P  Q
S  A  R  H  O  L  I  A  D  A  U  F  Q  F
A  T  E  B  I  O  N  I  K  W  O  R  F  P
O  S  O  X  I  J  T  Z  I  D  M  E  Q  H
```

WYDDOR	FFOLDERI
FFRINDIAU	ATHRO
HWYL	ARHOLIADAU
I DDYSGU	LLYFRAU
LLYFRGELL	MATH
DESG	RHIFAU
CADEIRYDD	PAPUR
PENSIL	CWIS
CORLANNAU	ATEBION
CINIO	

76 - Vacances #2

```
G  B  E  L  W  U  B  W  Y  T  Y  T  X  A
W  W  Q  H  C  T  K  A  C  V  G  A  D  M
E  T  E  A  M  H  E  U  O  N  F  I  S  A
S  G  R  R  M  T  R  A  M  O  R  T  X  E
T  O  W  Ê  S  V  T  R  A  E  T  H  U  S
Y  P  F  Y  N  Y  G  P  P  H  A  F  F  A
N  A  C  W  L  Q  L  S  H  A  C  E  H  W
Y  B  R  R  G  I  O  L  P  M  S  F  G  Y
S  E  J  B  X  J  A  Z  A  D  I  M  Ô  R
G  L  O  R  E  H  T  U  S  D  M  V  C  A
C  L  U  D  I  A  N  T  B  E  T  F  Y  D
C  Y  R  C  H  F  A  N  O  N  G  R  Q  B
L  E  Z  Q  G  H  P  G  R  N  V  X  Q  A
Q  N  E  P  J  A  S  K  T  N  K  A  U  V
```

MAES AWYR	TRAETH
GWERSYLLA	BWYTY
MAP	AMHEUON
CYRCHFAN	TACSI
TRAMOR	PABELL
GWESTY	TRÊN
YNYS	CLUDIANT
HAMDDEN	GWYLIAU
MÔR	FISA
PASBORT	TAITH

77 - Temps

```
U U C F Y M C K E A L H H F
B L Y N Y D D O L R K A S B
K F P F H A V A F Ô U N E O
B L W Y D D Y N W L N N I D
D Y D D W D W O U R O E V U
E N M K B Y Y A M I S R P Q
G F C L O C T F S C V D Q C
A U Z Z R Z I H O D V Y O A
W A X W E K U Y N D A D X N
D N M U N U D U W O O D J R
C A L E N D R C P E S L Y I
T Q Y X A Z D C N A W R M F
T B D W H L W N N Z P L C G
C Y N X G U D O R H X R N E
```

BLWYDDYN	CLOC
BLYNYDDOL	DYDD
AR ÔL	NAWR
CYN	BORE
YN FUAN	HANNER DYDD
CALENDR	MUNUD
DEGAWD	MIS
DYFODOL	NOS
AWR	WYTHNOS
DDOE	CANRIF

78 - Maison

```
W  Y  Y  F  F  E  N  S  L  J  F  I  D  B
A  Q  W  S  C  H  L  Q  L  T  F  Y  A  A
L  Q  N  B  T  A  L  I  E  M  E  F  L  N
U  G  Q  C  N  A  Y  U  T  P  N  T  L  A
I  A  T  I  G  D  F  O  Â  X  E  G  W  D
C  R  R  R  C  R  R  E  N  Z  S  A  E  L
V  E  O  U  E  W  G  Y  L  E  T  R  D  O
K  J  T  O  G  S  E  M  C  L  R  D  D  A
L  A  M  P  I  P  L  E  A  H  D  D  I  K
L  H  I  R  N  B  L  S  W  M  H  V  R  B
L  L  E  N  N  I  Q  E  O  Q  D  L  T  O
S  N  B  C  A  Y  E  F  D  W  S  U  A  X
M  L  N  H  Y  F  N  E  N  F  W  D  J  Y
D  D  A  D  N  H  J  G  J  F  W  E  G  P
```

BANADL	ATIG
LLYFRGELL	GARDD
YSTAFELL	LAMP
LLE TÂN	DRYCH
ALLWEDDI	WAL
FFENS	NENFWD
CEGIN	DRWS
CAWOD	LLENNI
FFENESTR	RUG
GAREJ	TO

79 - Légumes

```
R A D I S H A R T I S I O G
S B I G O G L Y S U M Z T B
Q M R J P H H B M M O L O Y
B T O S E K N C S A R L M T
R C L L E H O D R I O C A G
O P E R S L I Z U P N X T A
C I W C Y M B R Y Y P S O G
O S Y M E X F F V S U J I A
L A D A P H M U S E G L U R
I L D D U E G G P L A N T L
R A S A N E N B Y E C R O L
D D N R I F Y B T R X J U E
I Q N C O V G W J I L U F G
H F U H N R D K G W Y M O N
```

GARLLEG	SBIGOGLYS
GWYMON	SINSIR
ARTISIOG	MAIP
EGGPLANT	UNION
BROCOLI	OLEWYDD
MORON	PERSLI
SELERI	PYS
MADARCH	RADISH
PWMPEN	SALAD
CIWCYMBR	TOMATO

80 - Plage

```
T F K I R I R J G Q N Q H V
O I N F Y N Y S C R E G Y N
A M U C J O I N C Z G D O C
L R M Ô R F H T E R D O J S
T D F Z J I B F F M A C C A
W Y X O E O W R N Y O N W N
O S W L R T I Q F M B G C D
F G A E G D Q G O B T Ŵ H A
C W C H L J I Z R A Y Y H L
H A U L A E U R X R W L W A
L X U D S J K W Q É O S Y U
W G L B Y X K V R L D N L A
D D Y L Q J E T J X N L I C
G N A O S B M S S B B P O E
```

CWCH   CEFNFOR
GLAS   YMBARÉL
CREGYN   TYWOD
ARFORDIR   SANDALAU
CRANC   TYWEL
DOC   HAUL
YNYS   GŴYL
MÔR   CWCH HWYLIO
I NOFIO

81 - Vacances #1

```
A T O Q S I Y A Q I N E O W
M W Z N J C W M W S E T T Y
G R L S D H P D B Y B K R M
U I I T J A Y O C A R V A L
E S B Y O I P W I F R E M A
D T K M A C I Z A Y F É N C
D I Y A D M Y L B D Y B L I
F A C D A R I N P C E W L O
A I Ê A I N O F I O Y J Y G
P D S W T K A Y Z J Q B N G
A M R I H T H S T O L L A U
Z R Q A R I A N D S O T J V
Z P N D Y A M S E R L E N A
B A C K P A C K V W T V A Y
```

AWYREN
TOCYN
ARIAN
YMADAWIAD
TOLLAU
DAITH
AMSERLEN
LLYN
AMGUEDDFA

I NOFIO
YMBARÉL
YMLACIO
BACKPACK
TWRISTIAID
TRAM
CÊS
CAR

82 - Famille

```
O O G R C R H R O E H M M B
U O N M H K F I J T Y E M G
Q L I R W C O C E F N D E R
T V P L A N T K M M A A X Z
M C B Z E W Y T H R F T I N
A B G Ŵ R V S O W I I A Y A
M E R C H Q P U O A A D U I
A G W R A I G L O K D D F N
U I V M X E V H E L S M J E
T Q F S Q T H I T N P X Z O
W N D O F A M X Y U T R V H
V P I Z V I B R A W D Y Z X
Q Q Z T A D O L D M H R N N
X E K Q H M O D R Y B C P I
```

HYNAFIAD	MAMAU
CEFNDER	FAM
PLENTYN	NAI
PLANT	NITH
GWRAIG	EWYTHR
MERCH	TADOL
BRAWD	TAD
NAIN	CHWAER
TAID	MODRYB
GŴR	

83 - Oiseaux

```
P H A U O P N C J P Q V P L
V A V L H E V X D C A R U P
H S R G E N R D L D N U L E
N M H O S G H W Y A D E N L
C E C G T W C I C O N I A I
M H I A R I O T W W Y F V C
G Q W D Y N L W W R F R A A
T I Y V S A O C R Y G Â L N
K G Ŵ Y D D M A R D S N A A
C Y W I Â R E N H Ë I R R D
C O L O M E N S S H Y A C E
C K Z O Q R N P W Y D R H R
F L D Z R Y O G W Y L A N Y
I B C R H R D F Z T P C O N
```

ERYR	ADERYN
ESTRYS	GWYLAN
HWYADEN	WY
CICONIA	GŴYDD
COLOMEN	PAUN
FRÂN	PAROT
GOG	PELICAN
ALARCH	COLOMENNOD
CRËYR	CYW IÂR
PENGWIN	TWCAN

84 - Disciplines Scientifiques

```
M A S C I S A N A T O M E G
W R G Y E E C O L E G M E Q
Y C X M I R W F X M H D G Q
N H N D T Y C F Q J R C Z N
G A I E H D Z I B A O X N O
L E W I Y D P S Z I B P C E
A O R T D I M I W N O L E G
W L O H D A Z O W K T L M V
D E L A I E D L P Z E G E I
D G E S A T Z E E A G H G G
T K G E E H E G A H C D W S
D T J G T L L Y S I E U E G
H C M S H S E I C O L E G X
M E T E O R O L E G Y X E Z
```

ANATOMEG	IEITHYDDIAETH
ARCHAEOLEG	METEOROLEG
SERYDDIAETH	MWYNGLAWDD
BIOLEG	NIWROLEG
LLYSIEUEG	FFISIOLEG
CEMEG	SEICOLEG
ECOLEG	ROBOTEG
IMIWNOLEG	CYMDEITHASEG

85 - Émotions

```
L  D  D  D  C  O  F  T  X  I  H  D  B  W
L  I  I  T  Y  T  F  Y  C  K  L  W  W  Y
A  F  O  R  N  S  O  N  P  J  K  O  N  C
W  L  L  I  N  A  D  E  F  F  N  V  L  A
E  A  C  S  W  O  L  R  D  A  W  E  L  R
N  S  H  T  Y  Z  O  W  C  A  R  U  O  E
Y  T  G  W  S  G  N  C  A  Z  D  J  N  D
D  O  A  C  D  V  Y  H  U  P  S  C  Y  I
D  D  R  H  W  F  R  F  C  W  Y  S  D  G
H  E  D  D  W  C  H  T  F  K  N  A  D  R
L  V  U  R  D  I  C  T  E  R  D  U  W  W
W  E  Y  H  A  M  D  D  E  N  O  L  C  Y
R  H  Y  D  D  H  A  D  A  W  D  U  H  D
C  Y  D  Y  M  D  E  I  M  L  A  D  S  D
```

CARU	OFN
DAWEL	DIOLCHGAR
DICTER	RHYDDHAD
CYNNWYS	FODLON
HAMDDENOL	SYNDOD
DIFLASTOD	CYDYMDEIMLAD
GYFFROUS	TYNERWCH
CAREDIGRWYDD	LLONYDDWCH
LLAWENYDD	TRISTWCH
HEDDWCH	

86 - Géographie

```
I  G  T  E  Z  Z  C  Y  F  A  N  D  I  R
F  S  B  Q  A  U  M  N  C  B  A  Z  W  D
A  T  L  A  S  V  N  Y  E  M  B  Y  D  J
V  U  H  H  E  M  I  S  F  F  E  R  E  A
N  C  Y  M  C  E  A  O  N  O  V  U  F  F
Z  H  L  Y  X  R  T  P  F  C  D  C  O  H
A  D  M  N  T  I  R  I  O  G  A  E  T  H
F  E  Ô  Y  M  D  X  L  R  W  T  I  Z  X
O  R  R  D  K  I  G  O  G  L  E  D  D  W
N  G  O  D  J  A  A  G  V  A  K  I  R  F
W  O  E  Q  O  N  G  Z  X  D  Q  N  I  K
R  H  A  N  B  A  R  T  H  K  O  A  I  K
P  C  G  O  R  L  L  E  W  I  N  S  Y  X
L  L  E  D  R  E  D  C  A  M  K  X  Z  F
```

UCHDER	BYD
ATLAS	MYNYDD
MAP	GOGLEDD
CYFANDIR	CEFNFOR
AFON	GORLLEWIN
HEMISFFER	GWLAD
YNYS	RHANBARTH
LLEDRED	DE
MÔR	TIRIOGAETH
MERIDIAN	DINAS

87 - Danse

```
I  I  U  B  Y  J  P  N  C  E  L  F  G  M
T  G  R  F  M  W  I  D  R  O  I  G  Z  Y
R  G  C  L  A  S  U  R  O  L  R  J  I  N
A  R  X  O  R  R  H  Y  T  H  M  F  F  E
D  A  L  N  F  E  M  O  S  I  W  N  F  G
D  S  W  T  E  S  Y  M  U  D  I  A  D  I
O  S  G  O  R  I  V  Y  X  U  U  N  L  A
D  R  F  Y  A  L  D  A  G  G  H  C  P  N
I  O  O  E  V  Z  M  I  B  V  F  Z  J  N
A  C  A  D  E  M  I  C  O  U  I  O  B  O
D  B  H  D  I  W  Y  L  L  I  A  N  T  L
O  H  D  I  W  Y  L  L  I  A  N  N  O  L
L  L  A  W  E  N  P  A  R  T  N  E  R  L
P  C  E  R  D  D  O  R  I  A  E  T  H  J
```

ACADEMI	LLAWEN
CELF	SYMUDIAD
CLASUROL	CERDDORIAETH
CORFF	PARTNER
DIWYLLIANT	OSGO
DIWYLLIANNOL	YMARFER
MYNEGIANNOL	RHYTHM
EMOSIWN	NEIDIO
GRAS	TRADDODIADOL

88 - Bâtiments

```
A  R  C  H  F  A  R  C  H  N  A  D  S  F
Y  J  A  P  F  I  X  Q  L  G  M  N  T  F
H  E  B  R  G  F  W  T  K  C  G  V  A  A
B  S  A  I  N  D  L  Z  G  E  U  P  D  T
O  T  N  F  I  T  C  A  N  A  E  A  I  R
M  R  D  Y  T  J  A  R  T  T  D  B  W  I
G  W  E  S  T  Y  S  G  O  L  D  E  M  K
W  K  J  G  W  H  T  O  P  V  F  L  I  T
E  X  T  O  R  V  E  I  H  G  A  L  Z  G
I  N  D  L  Z  U  L  A  S  I  N  E  M  A
T  Y  X  L  N  O  L  A  T  Y  S  P  Q  R
H  Y  S  B  Y  T  Y  P  J  R  A  U  D  E
D  I  A  R  S  Y  L  L  F  A  K  L  Z  J
Y  S  G  U  B  O  R  L  A  B  O  R  D  Y
```

FFLAT	LABORDY
GWEITHDY	AMGUEDDFA
CABAN	ARSYLLFA
CASTELL	STADIWM
SINEMA	ARCHFARCHNAD
YSGOL	PABELL
GAREJ	THEATR
YSGUBOR	TWR
YSBYTY	PRIFYSGOL
GWESTY	FFATRI

89 - Pêche

```
C B R Z J C S V T Y M O R C
C W O R V W R O J T X F T O
E J C W T R A E T H Ê F G G
F L U H A B A C H Y N E W I
N O U Y G G V U H F N R I N
F Y K H E S B O N I A D F I
O I U F L F A D V A N L R O
R J H A L I S B X P W B E W
P W Y S A U G J C E E O N M
J D A C U Q E B E O F H W M
D Ŵ N B R X D Z X X A T B Y
T R K A W Q M M J D Z F B W
M J W A M Y N E D D L C O C
J D A N W E D H L L Y N C N
```

ABWYD	AFON
CWCH	LLYN
TAGELLAU	ÊN
BACHYN	CEFNFOR
COGINIO	BASGED
DŴR	AMYNEDD
ESBONIAD	TRAETH
OFFER	PWYSAU
GWIFREN	TYMOR

90 - Activités et Loisirs

```
T  A  Q  M  U  P  Q  R  H  L  Y  O  Y  U
G  L  X  Z  A  C  Ê  V  D  Z  C  M  M  B
L  T  L  Q  A  F  R  L  V  W  V  I  L  I
Z  Q  X  Y  Z  T  X  T  F  N  X  Z  A  Y
P  Ê  L  F  A  S  G  E  D  O  B  D  C  G
H  T  U  M  T  P  D  N  X  F  L  E  I  W
E  E  Q  K  Z  P  Y  I  B  I  G  I  O  E
I  I  G  E  Y  S  M  S  G  O  L  F  F  R
C  T  A  V  K  I  O  M  G  W  D  I  P  S
I  H  R  S  Y  R  F  F  I  O  V  O  C  Y
O  I  D  L  P  Ê  L  F  A  S  T  N  E  L
U  O  D  B  O  C  S  I  O  S  B  A  L  L
O  P  I  S  I  O  P  A  Q  G  L  X  F  A
R  W  O  H  C  H  H  G  L  Y  Z  P  L  G
```

SIOPA	PYSGOTA
CELF	DEIFIO
PÊL FAS	HEICIO
PÊL-FASGED	YMLACIO
BOCSIO	SYRFFIO
GWERSYLLA	TENIS
GOLFF	PÊL-FOLI
GARDDIO	TEITHIO
NOFIO	

91 - Livres

```
S H Y H A N E S Y D D O L V
P T T R A S I G E O W I Y U
E U O I X F B Y X N C Y E Y
R D Y R D E U O L I A E T H
T A D L I C D C W O N E V R
H L A L P Y D A Y L T P O W
N E R E S D S S M F U I O T
A N L N N D O G E I R G I A
S N L Y E E D L N J J E O C
O E E D S S D I A O F R S E
L U N D Y T I A W Y F U Z R
L J Y O H U U D D F N E Q D
J C D L B N Z P U F L A L D
Z A D R O D D W R W P L T T
```

AWDUR	DARLLENYDD
ANTUR	LLENYDDOL
CASGLIAD	ADRODDWR
CYD-DESTUN	TUDALEN
DEUOLIAETH	PERTHNASOL
EPIG	CERDD
STORI	NOFEL
HANESYDDOL	CYFRES
DONIOL	TRASIG
BUDDSODDI	

92 - Pays #2

```
T W Z Z E L E C M L T W N N
S Y R I A I W E R D D O N A
I I I L R B R S B S K I O L
E N F F R A I N C R E P S B
I D W M O N S U D A N L P A
N O C E D U S O I M Y J D N
A N R C E S G P M H A I T I
T E Á S N D J A M A I C A A
O S I I M K I K N A L N L K
X I N C A B W I T D R I Y K
I A L O R R W S I A A X A Q
Y Z A V C E Q T J A P A N A
U L O O Q I R A O T R C X Q
L I S I E J A N K M N T Y W
```

ALBANIA
TSIEINA
DENMARC
FFRAINC
HAITI
INDONESIA
IWERDDON
JAMAICA
JAPAN
KENYA

LAOS
LIBANUS
MECSICO
UGANDA
PAKISTAN
RWSIA
SOMALIA
SUDAN
SYRIA
WCRÁIN

93 - Fournitures d'Art

```
C W M N V K D P A E N T Z C
T R T K Q T G Ŵ C W A C A A
Q Q E S M P L V R B Q A B D
A C H A W D D F Y D P M P E
G L U D D H S O L E W E E I
A V F C T I N C I E S R N R
S I U A L F G X G F Y A S Y
E P R M Z A C R Z A N F I D
G T H G T G I E W Q I X L D
A N W C L V C M H Y A L I J
T K B O T I V J K J D G A A
L L I W I A U X B M A D U L
N D W T A B L E Z Y U I V U
R S R U E P A P U R S U U H
```

ACRYLIG   DŴR
CLAI   INC
CAMERA   RHWBIWR
CADEIRYDD   OLEW
HAWDDFYD   SYNIADAU
GLUD   PAPUR
LLIWIAU   PAENT
PENSILIAU   TABL
CREADIGRWYDD

94 - Jouets

```
G E M A U C W C H X A D X E
D R Y M I A U P G W W T K H
J H C I R R K L O S Y R J I
S K F D K E N Q J S R Ê A Q
P Ê L L Y F R A U N E N I D
B N M Y Y T W M B B N O D Y
P E W X D H I J C Z N X D C
X B I W G M L B L L A I O H
U B Y C A L E P A E N T L Y
X N A K H O F F I C R D S M
S U T R C R E F F T A U K Y
R W Q L C I N G D I Q R J G
R O B O T U C S J P D W M N
E R Q G W Y D D B W Y L L B
```

CLAI	GEMAU
CREFFTAU	LLYFRAU
AWYREN	PAENT
PÊL	DDOL
CWCH	POS
LORI	ROBOT
BARCUD	DRYMIAU
GWYDDBWYLL	TRÊN
HOFF	BEIC
DYCHYMYG	CAR

95 - Eau

```
Z Q Y K F K X H S L L N E C
S S U F P F N J T L L S O O
L T Z M X H R S Ê E A Y T R
G O N M D J N W M I I M N W
L N S C P S G C D T T X N Y
A N W E D D I A D H H M W N
W A F O N P Â W I D D T V T
I U G F J A X O S E Y A V J
R H E W Q I U D G R F F O A
L L I F O G Y D D M R D E K
P C K G I X S U E Ô H B I D
M O N S Ŵ N Y A S R A O H A
E I R A T E U E W A U A S U
Z H Y X Z R B X Y O I I J P
```

CAWOD
ANWEDDIAD
AFON
FFRWD
RHEW
IÂ
LLAITH
LLEITHDER
LLIFOGYDD
DYFRHAU

LLYN
MONSŴN
EIRA
MÔR
CORWYNT
GLAW
YFED
TONNAU
STÊM

96 - Paysages

```
C H P S X K D W E R D D O N
J E R E G E Y S E R V Z A L
Y L L O S G F Y N Y D D A H
Y N Y S C S F K P D I Q H R
M O G O R S R W A B E R U H
M Y G G T K Y R Y A O O J A
Ô Y N O E Y N T U N D R A E
R E N Y F M P R D I K Y N A
H E J Y D A W A H A V C K D
E Q H E D D I E B L L Y N R
W A F O N D W T R W J I Q R
L J J L X F I H Y C A F M D
I X E Z O F K Â N H J M P D
F P E N R H Y N Q M X T S Y
```

RHAEADR	LLYN
BRYN	GORS
ANIALWCH	MÔR
ABER	MYNYDD
AFON	WERDDON
GEYSER	PENRHYN
RHEWLIF	TRAETH
OGOF	TUNDRA
MYNYDD IÂ	DYFFRYN
YNYS	LLOSGFYNYDD

97 - Nombres

```
M Y D F D S D E G O L N U I
K A I T D P A N N H T Y G H
G G T R I U A I G D A M A E
W N T H F M P R T D X H I Q
F I F H D P Y D X H G O N H
M P B N A W M D E U D D E G
C H W E C H T D E U N A W S
U T H Q O E H E X A K U I E
Q C R V P V E G D K X M L R
K N W X E G G P O Y W G O O
G V S R D U W V S C N Y P S
M P V B W N B G S X O Q T S
G A U N A R B Y M T H E G H
K Z I Y R T R I A R D D E G
```

PUMP	PYMTHEG
DAU	UN AR BYMTHEG
DEGOL	SAITH
DEG	CHWECH
DEUNAW	TRI AR DDEG
DEUDDEG	TRI
WYTH	UN
MATH	UGAIN
NAW	SERO
PEDWAR	

98 - Nature

```
H  E  C  B  I  D  C  D  F  H  J  J  T  A
C  A  D  A  I  L  Y  M  P  F  I  O  R  N
Y  F  R  P  K  O  S  N  T  U  B  F  O  I
M  O  V  D  X  L  E  T  A  H  A  K  F  F
Y  N  O  G  D  H  G  C  W  M  N  X  A  E
L  Y  G  X  W  W  R  R  E  X  I  M  N  I
A  V  N  K  C  E  C  J  L  X  A  G  N  L
U  X  I  K  F  O  M  H  J  G  L  Y  O  I
I  U  W  H  P  P  E  R  G  U  W  G  L  A
Z  L  L  J  H  P  L  D  P  D  C  W  M  I
R  H  E  W  L  I  F  R  W  N  H  Y  L  D
G  W  E  N  Y  N  G  I  U  I  J  L  C  W
M  Y  N  Y  D  D  O  E  D  D  G  L  V  U
D  N  D  Q  A  R  C  T  I  G  G  T  Q  D
```

GWENYN	COEDWIG
ANIFEILIAID	RHEWLIF
ARCTIG	MYNYDDOEDD
HARDDWCH	CYMYLAU
NIWL	CYSEGR
ANIALWCH	GWYLLT
DYNAMIG	TAWEL
DAIL	TROFANNOL
AFON	

99 - Bateaux

```
T Y D G C P N I L C R I W A
C O I Z A L E U C A I A C N
E W N X N T O I S O L I Z G
F P C N Ŵ R M O R W R O L O
N R F H A F O N E I Q M Ô R
F Y F W H U B F E G A Q U H
O N E Y M W Y A F T L N B A
R U R L O X Y Q X L L A T F
I X I I R W K L S L A Z I F
X F F O W D I L I U N A D V
Y E D H R S D Y V O W N Q Z
N D X V T U Q N V J M F U F
Q V T A A H H V B C N B O M
U C Z I T R Z B U R K S Z F
```

ANGOR	MORWR
PRYNU	MWYAF
CANŴ	MÔR
RHAFF	PEIRIANT
CRIW	MORWROL
FFERI	CEFNFOR
AFON	LLU
CAIAC	TONNAU
LLYN	CWCH HWYLIO
LLANW	HWYLIO

100 - Mesures

```
E V Z H Q Z H L I T R C G T
P W Y S A U Y S M H Y Y M T
E B E I T Q D X M S F F O P
Z H O V J U Y E V D F R D M
A G G W X D F I G R J O F E
O X C V M U N U D O Q L E S
Y S A C Z R D J D Z L R D U
H S N O I P E I N T D A D R
J D O Z R L R L L E D T Z Y
P N L E C T O D O G R A D D
S B F N F U O G B W P I Q D
R W A U O O S A R W N O S P
T U N N E L L F Y A X S S N
G R A M U C H D E R M À S C
```

CANOLFAN	MESURYDD
GRADD	MUNUD
DEGOL	BEIT
GRAM	OWNS
UCHDER	PEINT
CILOGRAM	PWYSAU
LLED	MODFEDD
LITR	DYFNDER
HYD	TUNNELL
MÀS	CYFROL

1 - Été

2 - Adjectifs #2

3 - Exploration

4 - Formes

5 - Salle de Bains

6 - Adjectifs #1

7 - Instruments de Musique

8 - Échecs

9 - Herboristerie

10 - Véhicules

11 - Camping

12 - Conservation

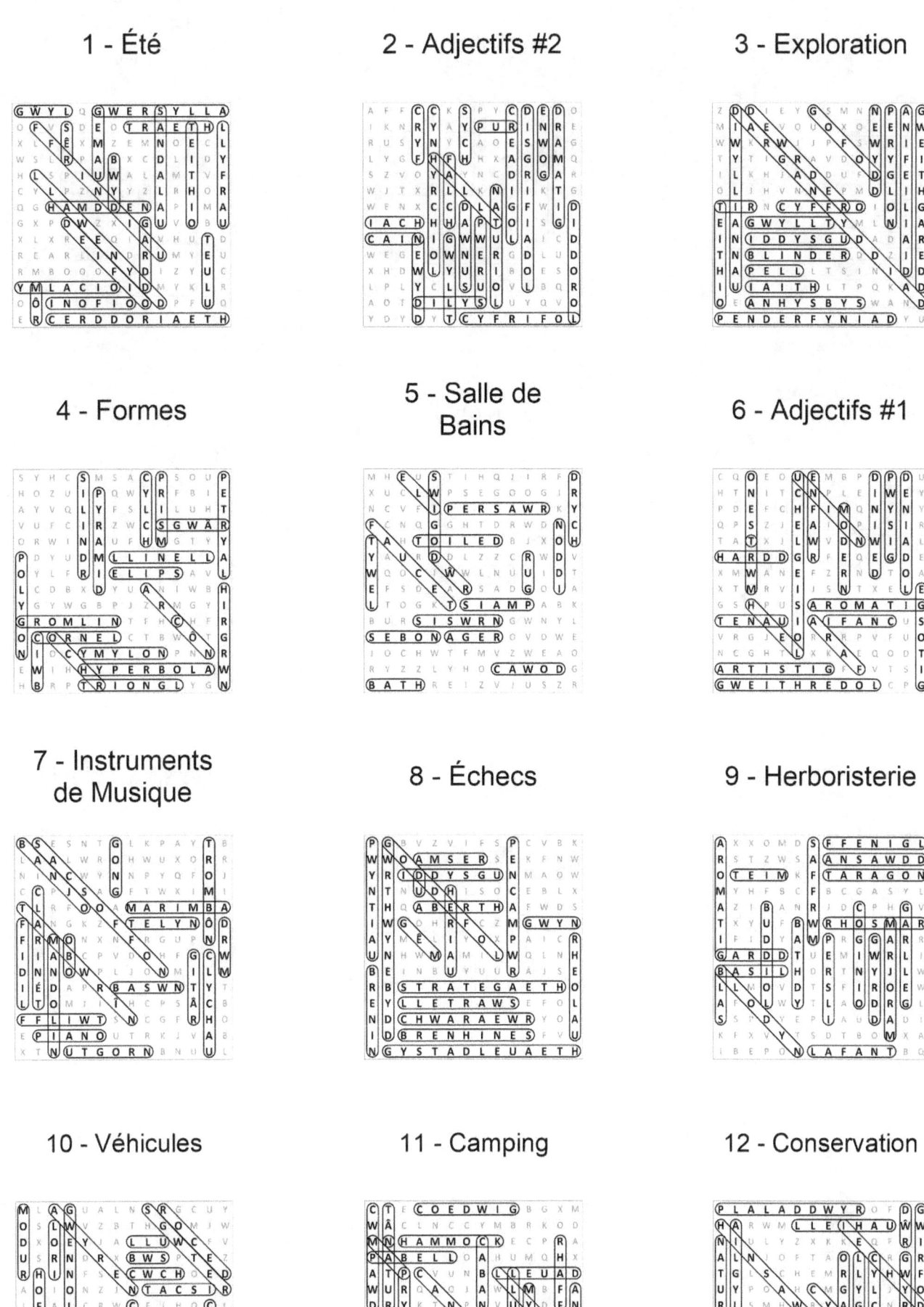

13 - Écologie

14 - Astronomie

15 - Types de Cheveux

16 - Restaurant #1

17 - Mammifères

18 - Sports

19 - Chocolat

20 - Mathématiques

21 - Mythologie

22 - Restaurant #2

23 - Couleurs

24 - Avions

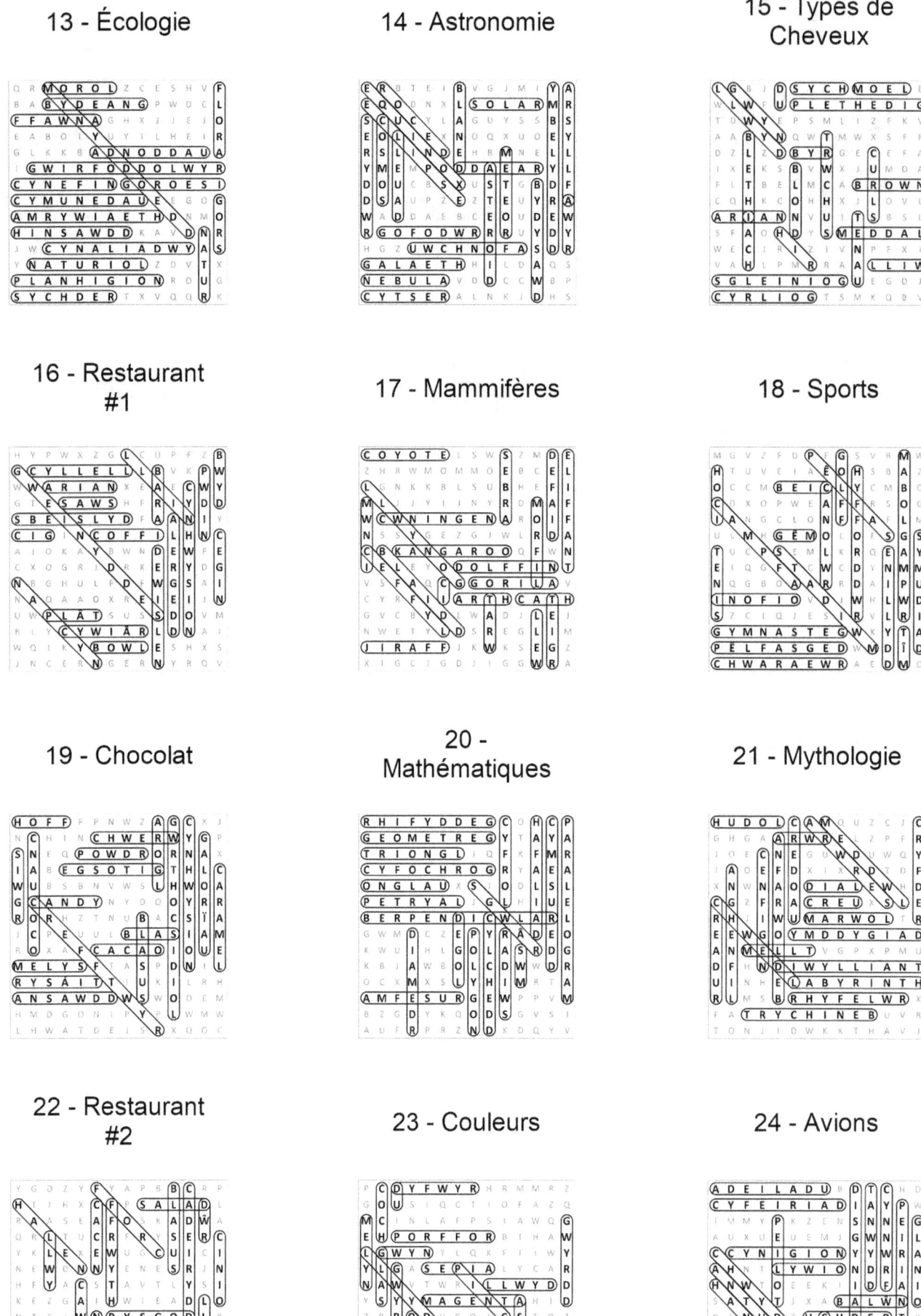

25 - Aventure

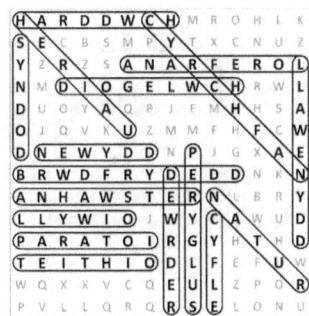

26 - Ville

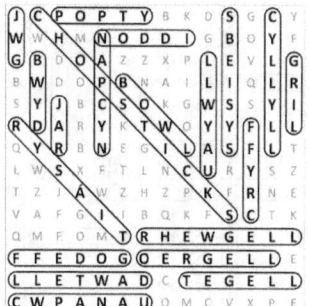

27 - Cuisine

28 - Gentillesse

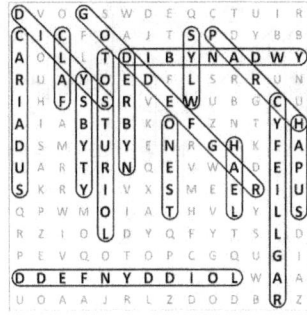

29 - Corps Humain

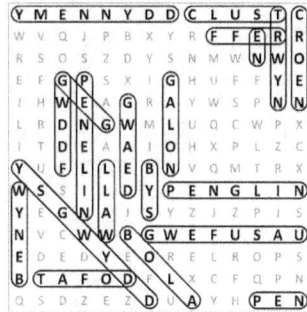

30 - Épices

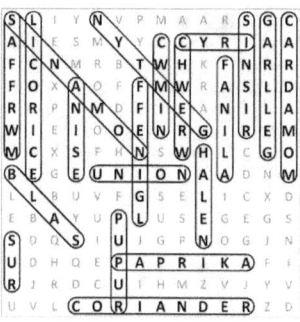

31 - Science

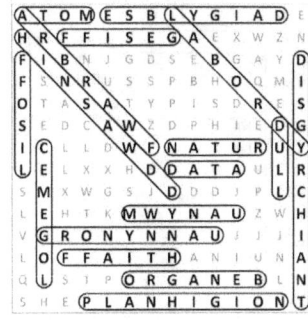

32 - Chats

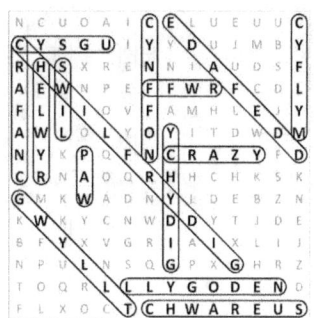

33 - Vêtements

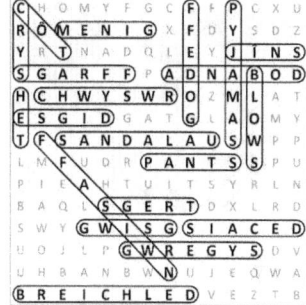

34 - Arts Visuels

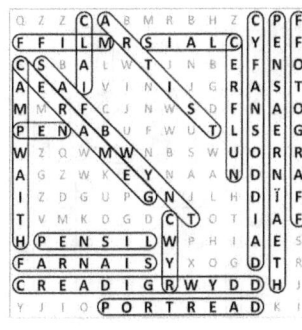

35 - Méditation

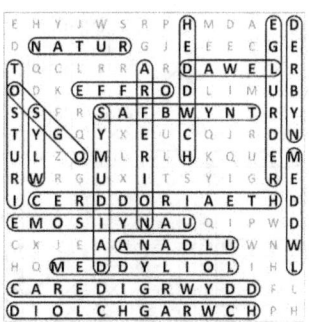

36 - Littérature

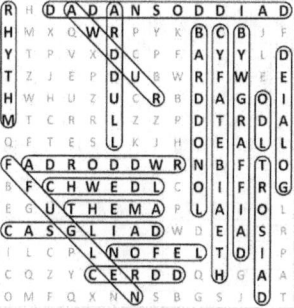

37 - Nourriture #1

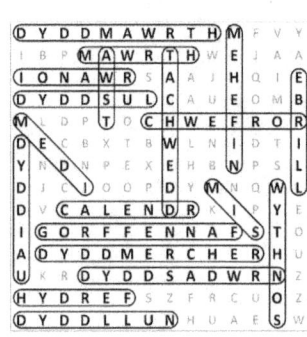

38 - Jours et Mois

39 - Pirates

40 - Activités

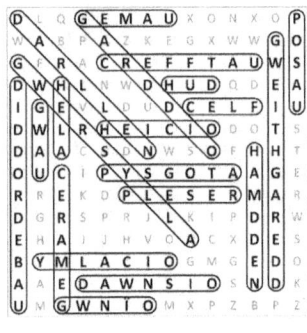

41 - Fleurs

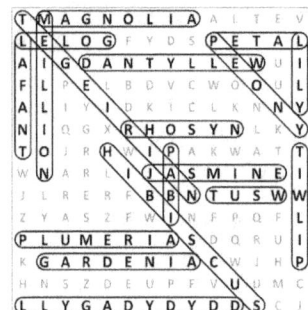

42 - Nourriture #2

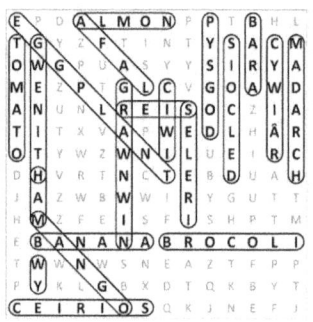

43 - Océan

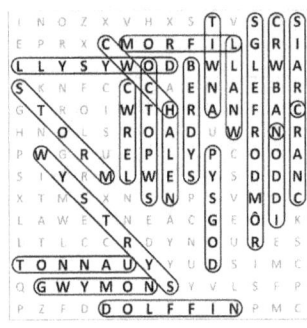

44 - Remplir

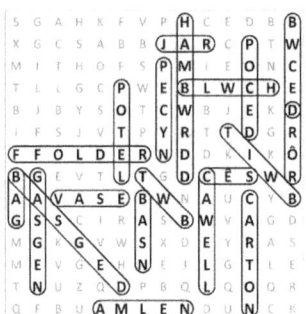

45 - Ballet

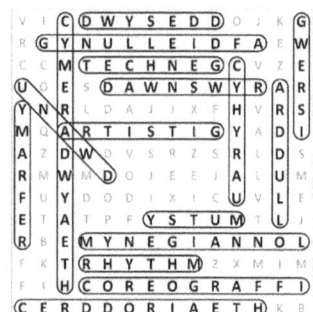

46 - Fruit

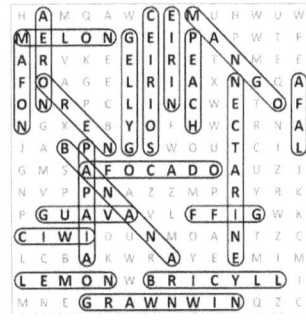

47 - Surf

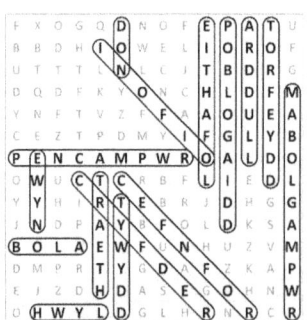

48 - Technologie

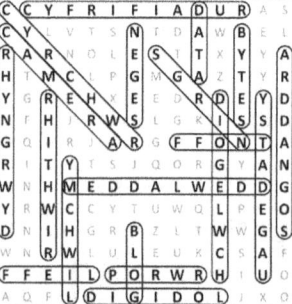

49 - Météo

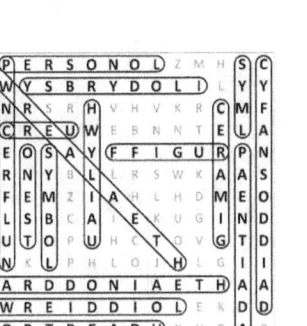

50 - Châteaux

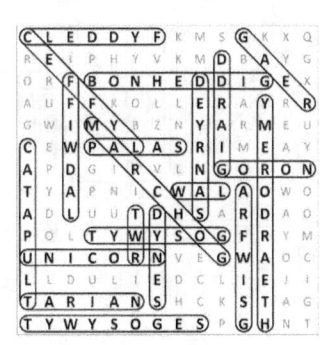

51 - Randonnée

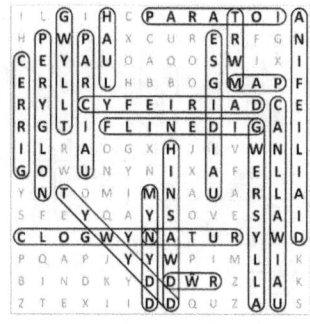

52 - Art

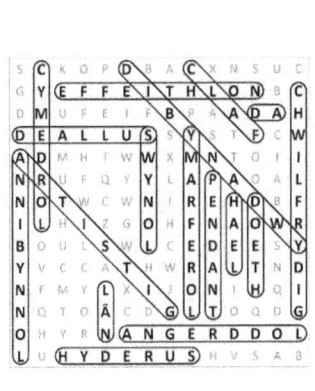

53 - Nutrition

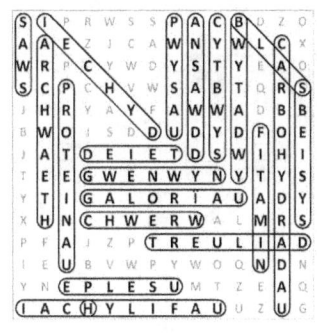

54 - Science Fiction

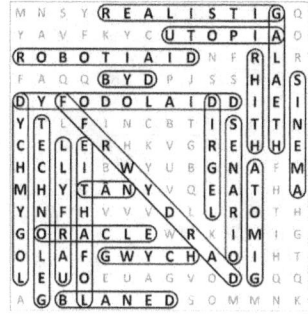

55 - Vertus #1

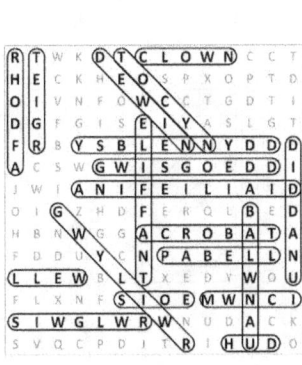

56 - Professions #1

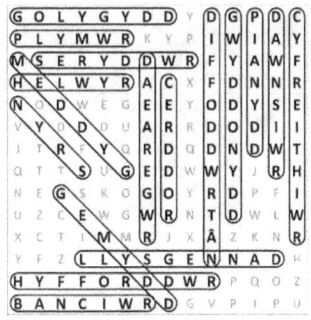

57 - Géologie

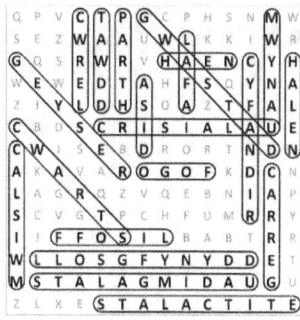

58 - Cirque

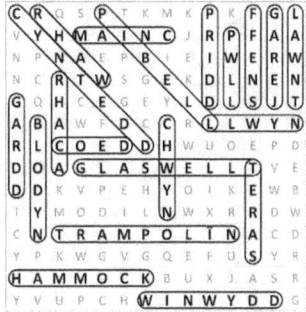

59 - Jardin

60 - Barbecues

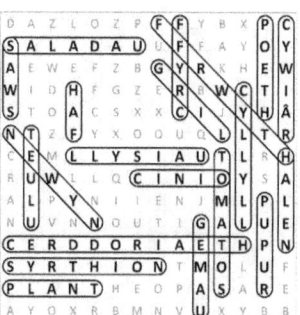

61 - Anniversaire

62 - Animaux de Compagnie

63 - Forêt Tropicale

64 - Insectes

65 - Ferme #1

66 - Escalade

67 - École #2

68 - Antarctique

69 - Professions #2

70 - Les Abeilles

71 - Dinosaures

72 - Conduite

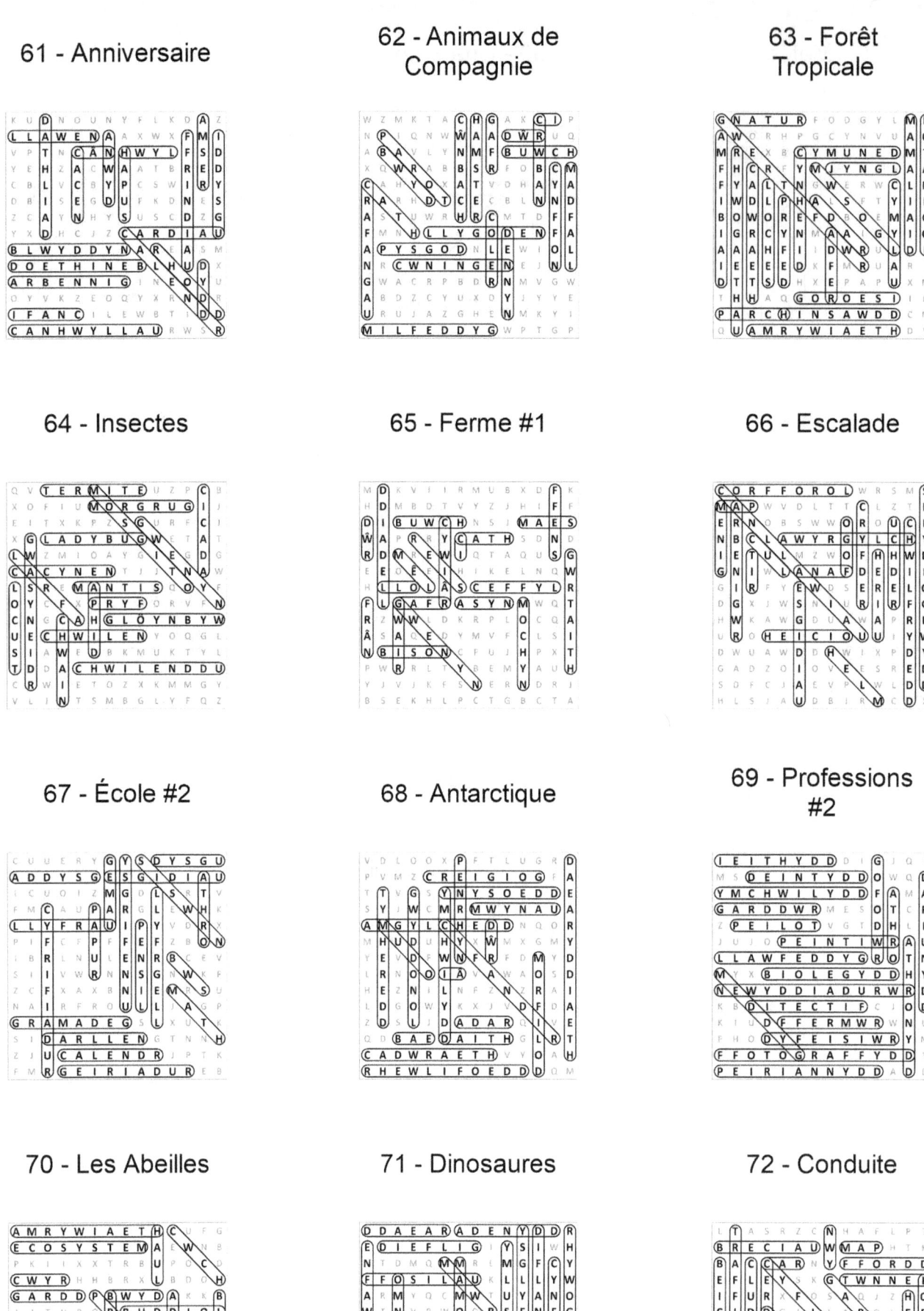

73 - Plantes

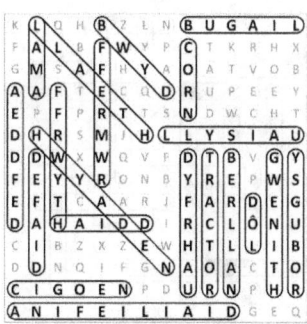

74 - Ferme #2

75 - École #1

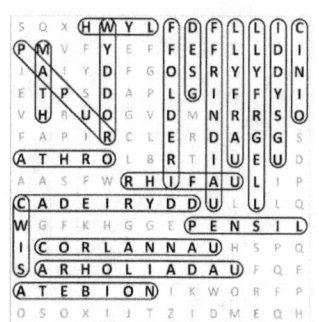

76 - Vacances #2

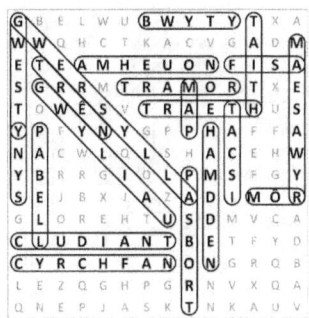

77 - Temps

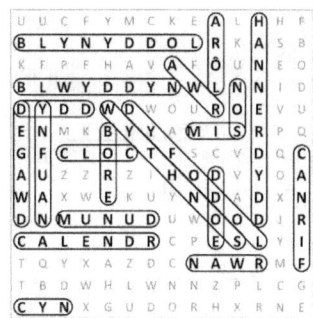

78 - Maison

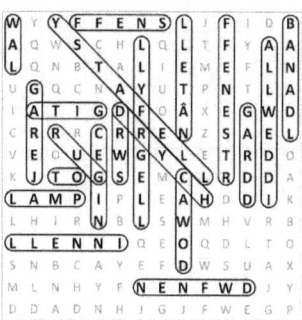

79 - Légumes

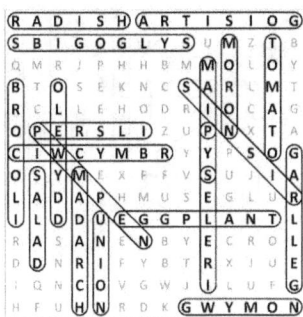

80 - Plage

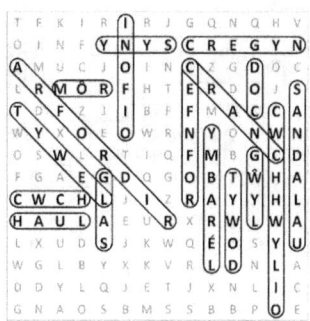

81 - Vacances #1

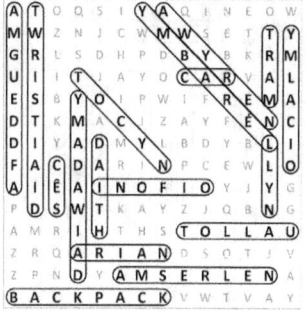

82 - Famille

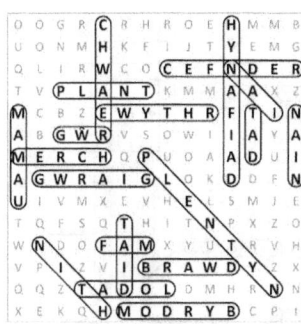

83 - Oiseaux

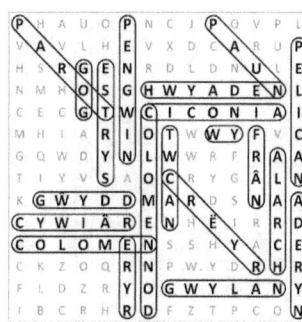

84 - Disciplines Scientifiques

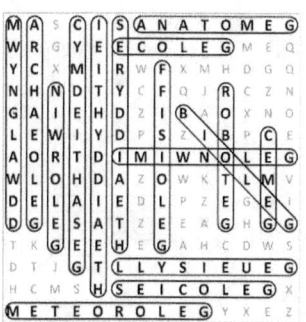

85 - Émotions

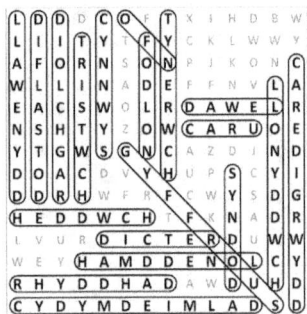

86 - Géographie

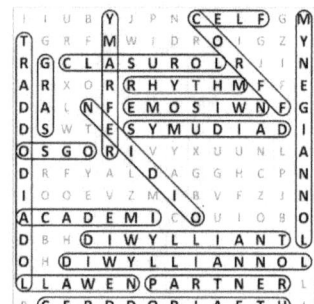

87 - Danse

88 - Bâtiments

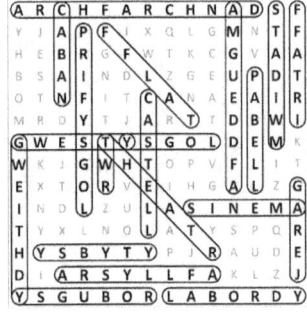

89 - Pêche

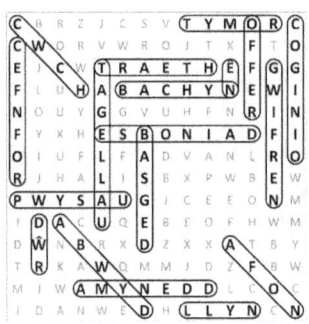

90 - Activités et Loisirs

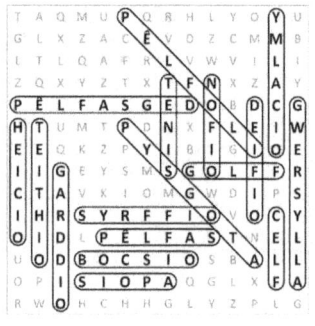

91 - Livres

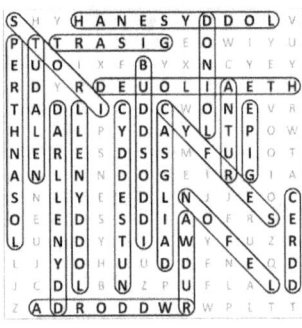

92 - Pays #2

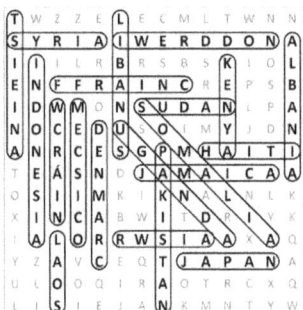

93 - Fournitures d'Art

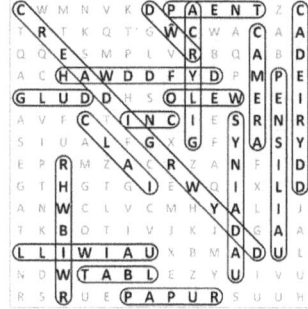

94 - Jouets

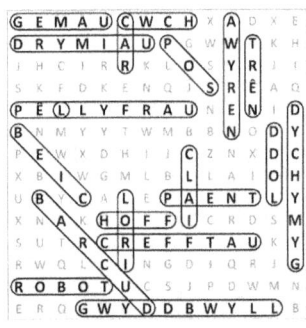

95 - Eau

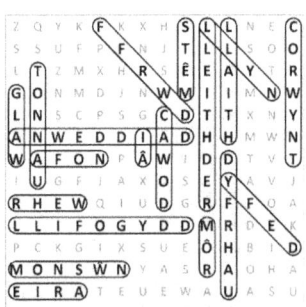

96 - Paysages

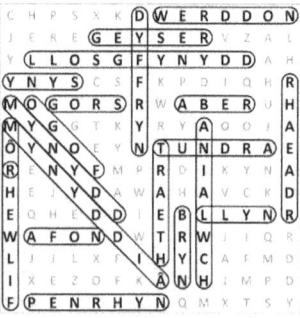

97 - Nombres

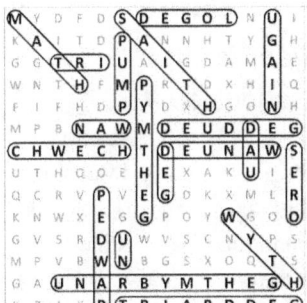

98 - Nature

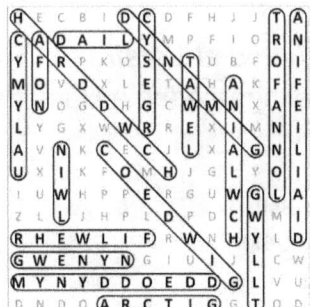

99 - Bateaux

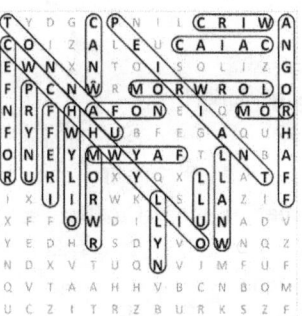

100 - Mesures

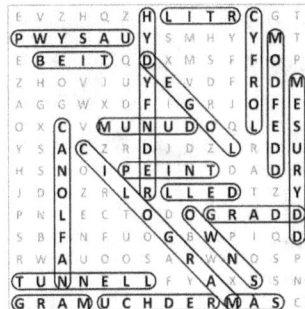

Dictionnaire

Activités
Gweithgareddau

Activité	Gweithgaredd
Art	Celf
Artisanat	Crefftau
Camping	Gwersylla
Céramique	Cerameg
Chasse	Hela
Couture	Gwnïo
Danse	Dawnsio
Intérêts	Diddordebau
Jardinage	Garddio
Jeux	Gemau
Lecture	Darllen
Loisir	Hamdden
Magie	Hud
Pêche	Pysgota
Plaisir	Pleser
Puzzles	Posau
Randonnée	Heicio
Relaxation	Ymlacio
Tricot	Gwau

Activités et Loisirs
Gweithgareddau a Hamdden

Achats	Siopa
Art	Celf
Base-Ball	Pêl Fas
Basket-Ball	Pêl-Fasged
Boxe	Bocsio
Camping	Gwersylla
Golf	Golff
Jardinage	Garddio
Nager	Nofio
Pêche	Pysgota
Plongée	Deifio
Randonnée	Heicio
Relaxant	Ymlacio
Surf	Syrffio
Tennis	Tenis
Volley-Ball	Pêl-Foli
Voyage	Teithio

Adjectifs #1
Ansoddeiriau # 1

Absolu	Absoliwt
Actif	Gweithredol
Ambitieux	Uchelgeisiol
Aromatique	Aromatig
Artistique	Artistig
Attractif	Deniadol
Beau	Hardd
Exotique	Egsotig
Énorme	Enfawr
Généreux	Hael
Honnête	Onest
Identique	Union
Important	Pwysig
Innocent	Diniwed
Jeune	Ifanc
Lent	Araf
Lourd	Trwm
Mince	Tenau
Moderne	Modern
Parfait	Perffaith

Adjectifs #2
Ansoddeiriau # 2

Authentique	Dilys
Célèbre	Enwog
Créatif	Creadigol
Descriptif	Disgrifiadol
Doué	Dawnus
Dramatique	Dramatig
Élégant	Cain
Fier	Falch
Fort	Cryf
Intéressant	Diddorol
Naturel	Naturiol
Nouveau	Newydd
Productif	Cynhyrchiol
Puissant	Pwerus
Pur	Pur
Responsable	Cyfrifol
Sain	Iach
Salé	Hallt
Sauvage	Gwyllt
Sec	Sych

Animaux de Compagnie
Anifeiliaid Anwes

Chat	Cath
Chèvre	Gafr
Chien	Ci
Chiot	Cŵn Bach
Collier	Coler
Eau	Dŵr
Griffes	Crafangau
Hamster	Hamster
Laisse	Dennyn
Lapin	Cwningen
Lézard	Madfall
Nourriture	Bwyd
Perroquet	Parot
Poisson	Pysgod
Queue	Cynffon
Souris	Llygoden
Tortue	Crwban
Vache	Buwch
Vétérinaire	Milfeddyg

Anniversaire
Pen-Blwydd

Amis	Ffrindiau
Amusement	Hwyl
Année	Blwyddyn
Apprendre	I Ddysgu
Bougies	Canhwyllau
Cadeau	Rhodd
Calendrier	Calendr
Cartes	Cardiau
Chanson	Cân
Fête	Dathliad
Gâteau	Cacen
Heureux	Hapus
Invitations	Gwahoddiadau
Jeune	Ifanc
Jour	Dydd
Joyeux	Llawen
Né	Anwyd
Sagesse	Doethineb
Spécial	Arbennig
Temps	Amser

Antarctique
Antarctica

Baie	Bae
Baleines	Morfilod
Chercheur	Ymchwilydd
Conservation	Cadwraeth
Continent	Cyfandir
Eau	Dŵr
Environnement	Amgylchedd
Expédition	Daith
Géographie	Daearyddiaeth
Glace	Iâ
Glaciers	Rhewlifoedd
Îles	Ynysoedd
Migration	Mudo
Minéraux	Mwynau
Oiseaux	Adar
Péninsule	Penrhyn
Rocheux	Creigiog
Scientifique	Gwyddonol
Température	Tymheredd
Topographie	Topograffeg

Art
Celf

Céramique	Ceramig
Complexe	Cymhleth
Composition	Cyfansoddiad
Créer	Creu
Dépeindre	Portreadu
Expression	Mynegiant
Figure	Ffigur
Honnête	Onest
Humeur	Hwyliau
Inspiré	Ysbrydoli
Original	Gwreiddiol
Peintures	Paentiadau
Personnel	Personol
Poésie	Barddoniaeth
Sculpture	Cerflun
Simple	Syml
Sujet	Pwnc
Surréalisme	Swrealaeth
Symbole	Symbol
Visuel	Gweledol

Arts Visuels
Celfyddydau Gweledol

Architecture	Pensaernïaeth
Argile	Clai
Artiste	Artist
Céramique	Cerameg
Chef-D'Œuvre	Campwaith
Cire	Cwyr
Composition	Cyfansoddiad
Craie	Sialc
Crayon	Pensil
Créativité	Creadigrwydd
Film	Ffilm
Perspective	Safbwynt
Photographie	Ffotograff
Portrait	Portread
Sculpture	Cerflun
Stylo	Pen
Vernis	Farnais

Astronomie
Seryddiaeth

Astéroïde	Asteroid
Astronaute	Gofodwr
Astronome	Seryddwr
Ciel	Awyr
Constellation	Cytser
Cosmos	Cosmos
Éclipse	Eclipse
Équinoxe	Equinox
Fusée	Roced
Galaxie	Galaeth
Lune	Lleuad
Météore	Meteor
Nébuleuse	Nebula
Observatoire	Arsyllfa
Planète	Blaned
Radiation	Ymbelydredd
Solaire	Solar
Supernova	Uwchnofa
Terre	Ddaear
Univers	Bydysawd

Aventure
Antur

Activité	Gweithgaredd
Beauté	Harddwch
Bravoure	Dewrder
Dangereux	Peryglus
Destination	Cyrchfan
Défis	Heriau
Difficulté	Anhawster
Enthousiasme	Brwdfrydedd
Excursion	Gwibdaith
Inhabituel	Anarferol
Itinéraire	Amserlen
Joie	Llawenydd
Nature	Natur
Navigation	Llywio
Nouveau	Newydd
Opportunité	Cyfle
Préparation	Paratoi
Sécurité	Diogelwch
Surprenant	Syndod
Voyages	Teithio

Avions
Awyrennau

Atmosphère	Awyrgylch
Atterrissage	Glanio
Aventure	Antur
Ballon	Balŵn
Carburant	Tanwydd
Ciel	Awyr
Construction	Adeiladu
Descente	Disgyniad
Direction	Cyfeiriad
Équipage	Criw
Gonfler	Chwyddo
Hauteur	Uchder
Hélices	Cynigion
Histoire	Hanes
Hydrogène	Hydrogen
Moteur	Peiriant
Naviguer	Lywio
Passager	Teithwyr
Pilote	Peilot
Turbulence	Cynnwrf

Ballet
Bale

Applaudissement	Cymeradwyaeth
Artistique	Artistig
Chorégraphie	Coreograffi
Compositeur	Cyfansoddwr
Danseurs	Dawnswyr
Expressif	Mynegiannol
Geste	Ystum
Gracieux	Gosgeiddig
Intensité	Dwysedd
Leçons	Gwersi
Muscles	Cyhyrau
Musique	Cerddoriaeth
Orchestre	Cerddorfa
Public	Gynulleidfa
Répétition	Ymarfer
Rythme	Rhythm
Solo	Unawd
Style	Arddull
Technique	Techneg

Barbecues
Barbeciws

Chaud	Poeth
Couteaux	Cyllyll
Dîner	Cinio
Enfants	Plant
Été	Haf
Faim	Newyn
Famille	Teulu
Fourchettes	Ffyrc
Fruit	Ffrwyth
Gril	Gril
Jeux	Gemau
Légumes	Llysiau
Musique	Cerddoriaeth
Oignons	Syrthion
Poivre	Pupur
Poulet	Cyw Iâr
Salades	Saladau
Sauce	Saws
Sel	Halen
Tomates	Tomatos

Bateaux
Cychod

Ancre	Angor
Bouée	Prynu
Canoë	Canŵ
Corde	Rhaff
Équipage	Criw
Ferry	Fferi
Fleuve	Afon
Kayak	Caiac
Lac	Llyn
Marée	Llanw
Marin	Morwr
Mât	Mwyaf
Mer	Môr
Moteur	Peiriant
Nautique	Morwrol
Océan	Cefnfor
Radeau	Llu
Vagues	Tonnau
Voilier	Cwch Hwylio
Yacht	Hwylio

Bâtiments
Adeiladau

Appartement	Fflat
Atelier	Gweithdy
Cabine	Caban
Château	Castell
Cinéma	Sinema
École	Ysgol
Garage	Garej
Grange	Ysgubor
Hôpital	Ysbyty
Hôtel	Gwesty
Laboratoire	Labordy
Musée	Amgueddfa
Observatoire	Arsyllfa
Stade	Stadiwm
Supermarché	Archfarchnad
Tente	Pabell
Théâtre	Theatr
Tour	Twr
Université	Prifysgol
Usine	Ffatri

Camping
Gwersylla

Animaux	Anifeiliaid
Aventure	Antur
Boussole	Cwmpawd
Cabine	Caban
Canoë	Canŵ
Carte	Map
Chapeau	Het
Chasse	Hela
Corde	Rhaff
Équipement	Offer
Feu	Tân
Forêt	Coedwig
Hamac	Hammock
Insecte	Pryfed
Lac	Llyn
Lanterne	Llusern
Lune	Lleuad
Montagne	Mynydd
Nature	Natur
Tente	Pabell

Chats
Cathod

Chasseur	Helwyr
Curieux	Chwilfrydig
Dormir	Cysgu
Espiègle	Chwareus
Fil	Edafedd
Fou	Crazy
Fourrure	Ffwr
Griffe	Crafanc
Indépendant	Annibynnol
Patte	Paw
Personnalité	Personoliaeth
Peu	Ychydig
Queue	Cynffon
Rapide	Cyflym
Sauvage	Gwyllt
Souris	Llygoden
Timide	Swil

Châteaux
Cestyll

Armure	Arfwisg
Bouclier	Tarian
Catapulte	Catapult
Cheval	Ceffyl
Chevalier	Marchog
Couronne	Goron
Dragon	Ddraig
Dynastie	Dynes
Empire	Ymerodraeth
Épée	Cleddyf
Féodal	Ffiwdal
Forteresse	Gaer
Licorne	Unicorn
Mur	Wal
Noble	Bonheddig
Palais	Palas
Prince	Tywysog
Princesse	Tywysoges
Royaume	Deyrnas
Tour	Twr

Chocolat
Siocled

Amer	Chwerw
Antioxydant	Gwrthocsidiol
Arôme	Arogl
Artisanal	Crefftwyr
Bonbon	Candy
Cacao	Cacao
Calories	Galorïau
Caramel	Caramel
Délicieux	Blasus
Doux	Melys
Exotique	Egsotig
Favori	Hoff
Goût	Blas
Ingrédient	Cynhwysion
Noix de Coco	Cnau Coco
Poudre	Powdr
Qualité	Ansawdd
Recette	Rysáit
Sucre	Siwgr

Cirque
Syrcas

Acrobate	Acrobat
Animaux	Anifeiliaid
Ballons	Balwnau
Billet	Tocyn
Clown	Clown
Costume	Gwisgoedd
Divertir	Diddanu
Éléphant	Eliffant
Jongleur	Siwglwr
Lion	Llew
Magicien	Dewin
Magie	Hud
Montrer	Sioe
Musique	Cerddoriaeth
Parade	Rhodfa
Singe	Mwnci
Spectaculaire	Ysblennydd
Spectateur	Gwyliwr
Tente	Pabell
Tigre	Teigr

Conduite
Gyrru

Accident	Damwain
Camion	Lori
Carburant	Tanwydd
Carte	Map
Danger	Perygl
Freins	Breciau
Garage	Garej
Gaz	Nwy
Licence	Trwydded
Moteur	Modur
Moto	Beic Modur
Piéton	Cerddwyr
Police	Heddlu
Route	Ffordd
Sécurité	Diogelwch
Trafic	Traffig
Transport	Cludiant
Tunnel	Twnnel
Vitesse	Cyflymder
Voiture	Car

Conservation
Cadwraeth

Bénévole	Gwirfoddolwr
Changements	Newidiadau
Climat	Hinsawdd
Cycle	Cylch
Durable	Cynaliadwy
Eau	Dŵr
Environnemental	Amgylcheddol
Écosystème	Ecosystem
Éducation	Addysg
Habitat	Cynefin
Naturel	Naturiol
Organique	Organig
Pesticide	Plaladdwyr
Pollution	Llygredd
Recycler	Ailgylchu
Réduire	Lleihau
Santé	Iechyd
Vert	Gwyrdd

Corps Humain
Corff Dynol

Bouche	Geg
Cerveau	Ymennydd
Cheville	Ffêr
Cou	Gwddf
Coude	Penelin
Cœur	Galon
Doigt	Bys
Estomac	Bola
Épaule	Ysgwydd
Genou	Pen-Glin
Langue	Tafod
Lèvres	Gwefusau
Main	Llaw
Menton	Ên
Nez	Trwyn
Oreille	Clust
Peau	Croen
Sang	Gwaed
Tête	Pen
Visage	Wyneb

Couleurs
Lliwiau

Azur	Asur
Beige	Llwydfelyn
Blanc	Gwyn
Bleu	Glas
Cyan	Gwyrddlas
Fuchsia	Dyfwyr
Gris	Llwyd
Indigo	Indigo
Jaune	Melyn
Magenta	Magenta
Marron	Brown
Noir	Du
Orange	Oren
Rose	Pinc
Rouge	Coch
Sépia	Sepia
Vert	Gwyrdd
Violet	Porffor

Cuisine
Cegin

Baguettes	Chopsticks
Bol	Bowl
Bouilloire	Tegell
Congélateur	Rhewgell
Couteaux	Cyllyll
Cruche	Jwg
Cuillères	Llwyau
Épices	Sbeisys
Éponge	Noddi
Four	Popty
Fourchettes	Ffyrc
Gril	Gril
Louche	Lletwad
Nourriture	Bwyd
Pot	Jar
Recette	Rysáit
Réfrigérateur	Oergell
Serviette	Napcyn
Tablier	Ffedog
Tasses	Cwpanau

Danse
Dawns

Académie	Academi
Art	Celf
Chorégraphie	Coreograffi
Classique	Clasurol
Corps	Corff
Culture	Diwylliant
Culturel	Diwylliannol
Expressif	Mynegiannol
Émotion	Emosiwn
Grâce	Gras
Joyeux	Llawen
Mouvement	Symudiad
Musique	Cerddoriaeth
Partenaire	Partner
Posture	Osgo
Répétition	Ymarfer
Rythme	Rhythm
Saut	Neidio
Traditionnel	Traddodiadol
Visuel	Gweledol

Dinosaures
Deinosoriaid

Ailes	Adenydd
Disparition	Diflaniad
Espèce	Rhywogaethau
Énorme	Enfawr
Évolution	Esblygiad
Fossiles	Ffosilau
Grand	Mawr
Herbivore	Llysieuyn
Mammouth	Mamoth
Omnivore	Omnivore
Préhistorique	Cynhanesyddol
Proie	Ysglyfaeth
Puissant	Pwerus
Queue	Cynffon
Reptile	Ymlusgiaid
Taille	Maint
Terre	Ddaear
Vicieux	Dieflig

Disciplines Scientifiques
Ddisgyblaethau Gwyddonol

Anatomie	Anatomeg
Archéologie	Archaeoleg
Astronomie	Seryddiaeth
Biochimie	Biocemeg
Biologie	Bioleg
Botanique	Llysieueg
Chimie	Cemeg
Écologie	Ecoleg
Géologie	Daeareg
Immunologie	Imiwnoleg
Linguistique	Ieithyddiaeth
Mécanique	Mecaneg
Météorologie	Meteoroleg
Minéralogie	Mwynglawdd
Neurologie	Niwroleg
Physiologie	Ffisioleg
Psychologie	Seicoleg
Robotique	Roboteg
Sociologie	Cymdeithaseg
Zoologie	Milofyddiaeth

Eau
Dŵr

Douche	Cawod
Évaporation	Anweddiad
Fleuve	Afon
Flux	Ffrwd
Gel	Rhew
Glace	Iâ
Humide	Llaith
Humidité	Lleithder
Inondation	Llifogydd
Irrigation	Dyfrhau
Lac	Llyn
Mousson	Monsŵn
Neige	Eira
Océan	Môr
Ouragan	Corwynt
Pluie	Glaw
Potable	Yfed
Vagues	Tonnau
Vapeur	Stêm

Escalade
Dringo

Altitude	Uchder
Atmosphère	Awyrgylch
Blessure	Anaf
Bottes	Esgidiau
Carte	Map
Casque	Helm
Curiosité	Chwilfrydedd
Défis	Heriau
Expert	Arbenigwr
Étroit	Cul
Force	Cryfder
Formation	Hyfforddiant
Gants	Menig
Grotte	Ogof
Guides	Canllawiau
Physique	Corfforol
Randonnée	Heicio
Stabilité	Sefydlogrwydd
Terrain	Tir

Exploration
Archwilio

Activité	Gweithgaredd
Animaux	Anifeiliaid
Apprendre	I Ddysgu
Courage	Dewrder
Cultures	Diwylliannau
Dangers	Peryglon
Découverte	Darganfyddiad
Détermination	Penderfyniad
Espace	Gofod
Excitation	Cyffro
Épuisement	Blinder
Inconnu	Anhysbys
Langue	Iaith
Lointain	Pell
Nouveau	Newydd
Sauvage	Gwyllt
Terrain	Tir
Voyage	Teithio

Échecs
Gwyddbwyll

Adversaire	Gwrthwynebydd
Apprendre	I Ddysgu
Blanc	Gwyn
Champion	Pencampwr
Concours	Gystadleuaeth
Défis	Heriau
Diagonal	Lletraws
Jeu	Gêm
Joueur	Chwaraewr
Noir	Du
Passif	Goddefol
Points	Pwyntiau
Reine	Brenhines
Règles	Rheolau
Roi	Brenin
Sacrifice	Aberth
Stratégie	Strategaeth
Temps	Amser
Tournoi	Twrnamaint

École #1
Ysgol # 1

Alphabet	Wyddor
Amis	Ffrindiau
Amusement	Hwyl
Apprendre	I Ddysgu
Bibliothèque	Llyfrgell
Bureau	Desg
Chaise	Cadeirydd
Crayon	Pensil
Des Stylos	Corlannau
Déjeuner	Cinio
Dossiers	Ffolderi
Enseignant	Athro
Examens	Arholiadau
Livres	Llyfrau
Math	Math
Nombres	Rhifau
Papier	Papur
Quiz	Cwis
Réponses	Atebion

École #2
Ysgol # 2

Apprentissage	Dysgu
Bibliothèque	Llyfrgell
Bus	Bws
Calendrier	Calendr
Chaussures	Esgidiau
Ciseaux	Siswrn
Crayon	Pensil
Dictionnaire	Geiriadur
Enseignant	Athro
Écriture	Ysgrifennu
Éducation	Addysg
Grammaire	Gramadeg
Jeux	Gemau
Lecture	Darllen
Littérature	Llenyddiaeth
Livres	Llyfrau
Math	Math
Ordinateur	Cyfrifiadur
Papier	Papur
Science	Gwyddoniaeth

Écologie
Ecoleg

Bénévoles	Gwirfoddolwyr
Climat	Hinsawdd
Communautés	Cymunedau
Diversité	Amrywiaeth
Durable	Cynaliadwy
Espèce	Rhywogaethau
Faune	Ffawna
Flore	Flora
Global	Byd-Eang
Habitat	Cynefin
Marais	Gors
Marin	Morol
Montagnes	Mynyddoedd
Nature	Natur
Naturel	Naturiol
Plantes	Planhigion
Ressources	Adnoddau
Sécheresse	Sychder
Survie	Goroesi
Végétation	Llystyfiant

Émotions
Emosiynau

Amour	Caru
Calme	Dawel
Colère	Dicter
Contenu	Cynnwys
Détendu	Hamddenol
Ennui	Diflastod
Excité	Gyffrous
Gentillesse	Caredigrwydd
Joie	Llawenydd
Paix	Heddwch
Peur	Ofn
Reconnaissant	Diolchgar
Relief	Rhyddhad
Satisfait	Fodlon
Surprise	Syndod
Sympathie	Cydymdeimlad
Tendresse	Tynerwch
Tranquillité	Llonyddwch
Tristesse	Tristwch

Épices
Sbeisys

Aigre	Sur
Ail	Garlleg
Amer	Chwerw
Anis	Anise
Cannelle	Sinamon
Cardamome	Cardamom
Coriandre	Coriander
Cumin	Cwmin
Curry	Cyri
Fenouil	Ffenigl
Gingembre	Sinsir
Muscade	Nytmeg
Oignon	Union
Paprika	Paprika
Poivre	Pupur
Réglisse	Licorice
Safran	Saffrwm
Saveur	Blas
Sel	Halen
Vanille	Fanila

Été
Haf

Amis	Ffrindiau
Camping	Gwersylla
Étoiles	Sêr
Famille	Teulu
Jardin	Gardd
Jeux	Gemau
Joie	Llawenydd
Livres	Llyfrau
Loisir	Hamdden
Mer	Môr
Musique	Cerddoriaeth
Nager	I Nofio
Nourriture	Bwyd
Plage	Traeth
Plongée	Deifio
Relaxation	Ymlacio
Sandales	Sandalau
Vacances	Gŵyl
Voyage	Teithio

Famille
Teulu

Ancêtre	Hynafiad
Cousin	Cefnder
Enfance	Plentyndod
Enfant	Plentyn
Enfants	Plant
Femme	Gwraig
Fille	Merch
Frère	Brawd
Grand-Mère	Nain
Grand-Père	Taid
Mari	Gŵr
Maternel	Mamau
Mère	Fam
Neveu	Nai
Nièce	Nith
Oncle	Ewythr
Paternel	Tadol
Père	Tad
Soeur	Chwaer
Tante	Modryb

Ferme #1
Fferm # 1

Abeille	Gwenyn
Âne	Asyn
Bison	Bison
Champ	Maes
Chat	Cath
Cheval	Ceffyl
Chèvre	Gafr
Chien	Ci
Clôture	Ffens
Cochon	Mochyn
Corbeau	Frân
Eau	Dŵr
Engrais	Gwrtaith
Foin	Gwair
Miel	Mêl
Poulet	Cyw Iâr
Riz	Reis
Troupeau	Ddiadell
Vache	Buwch
Veau	Llo

Ferme #2
Fferm # 2

Agneau	Cig Oen
Agriculteur	Ffermwr
Animaux	Anifeiliaid
Berger	Bugail
Blé	Gwenith
Canard	Hwyaden
Fruit	Ffrwyth
Grange	Ysgubor
Irrigation	Dyfrhau
Lait	Llaeth
Lama	Lama
Légume	Llysiau
Maïs	Corn
Mouton	Defaid
Mûr	Aeddfed
Nourriture	Bwyd
Orge	Haidd
Pré	Dôl
Tracteur	Tractor
Verger	Berllan

Fleurs
Blodau

Bouquet	Tusw
Gardénia	Gardenia
Hibiscus	Hibiscus
Jasmin	Jasmine
Lavande	Lafant
Lilas	Lelog
Lys	Lily
Magnolia	Magnolia
Marguerite	Llygad y Dydd
Orchidée	Tegeirian
Pavot	Pabi
Pétale	Petal
Pissenlit	Dant y Llew
Pivoine	Peony
Plumeria	Plumeria
Rose	Rhosyn
Trèfle	Meillion
Tulipe	Tiwlip

Forêt Tropicale
Fforestydd Glaw

Amphibiens	Amffibiaid
Botanique	Botanegol
Climat	Hinsawdd
Communauté	Cymuned
Diversité	Amrywiaeth
Espèce	Rhywogaethau
Indigène	Cynhenid
Insectes	Pryfed
Jungle	Jyngl
Mammifères	Mamaliaid
Mousse	Mwsogl
Nature	Natur
Nuage	Cymylau
Oiseaux	Adar
Précieux	Gwerthfawr
Préservation	Cadwraeth
Refuge	Lloches
Respect	Parch
Restauration	Adfer
Survie	Goroesi

Formes
Siapiau

Arc	Arc
Bords	Ymylon
Carré	Sgwâr
Cercle	Cylch
Coin	Cornel
Courbe	Gromlin
Cône	Côn
Côté	Ochr
Cube	Ciwb
Cylindre	Silindr
Ellipse	Elips
Hyperbole	Hyperbola
Ligne	Llinell
Ovale	Hirgrwn
Polygone	Polygon
Prisme	Prism
Pyramide	Pyramid
Rectangle	Petryal
Triangle	Triongl

Fournitures d'Art
Cyflenwadau Celf

Acrylique	Acrylig
Argile	Clai
Caméra	Camera
Chaise	Cadeirydd
Chevalet	Hawddfyd
Colle	Glud
Couleurs	Lliwiau
Crayons	Pensiliau
Créativité	Creadigrwydd
Eau	Dŵr
Encre	Inc
Gomme	Rhwbiwr
Huile	Olew
Idées	Syniadau
Papier	Papur
Peinture	Paent
Table	Tabl

Fruit
Ffrwythau

Abricot	Bricyll
Avocat	Afocado
Baie	Aeron
Banane	Banana
Cerise	Ceirios
Citron	Lemon
Figue	Ffig
Framboise	Mafon
Goyave	Guava
Kiwi	Ciwi
Mangue	Mango
Melon	Melon
Nectarine	Nectarine
Orange	Oren
Papaye	Papaia
Pêche	Peach
Poire	Gellyg
Pomme	Afal
Prune	Eirin
Raisin	Grawnwin

Gentillesse
Caredigrwydd

Aimant	Cariadus
Amical	Cyfeillgar
Attentif	Sylw
Authentique	Dilys
Compatissant	Tosturiol
Compréhension	Dealltwriaeth
Fiable	Dibynadwy
Généreux	Hael
Heureux	Hapus
Honnête	Onest
Hospitalier	Ysbyty
Patient	Claf
Respectueux	Parch
Réceptif	Derbyn
Tolérant	Goddefgar
Utile	Ddefnyddiol

Géographie
Daearyddiaeth

Altitude	Uchder
Atlas	Atlas
Carte	Map
Continent	Cyfandir
Fleuve	Afon
Hémisphère	Hemisffer
Île	Ynys
Latitude	Lledred
Mer	Môr
Méridien	Meridian
Monde	Byd
Montagne	Mynydd
Nord	Gogledd
Océan	Cefnfor
Ouest	Gorllewin
Pays	Gwlad
Région	Rhanbarth
Sud	De
Territoire	Tiriogaeth
Ville	Dinas

Géologie
Daeareg

Acide	Asid
Calcium	Calsiwm
Caverne	Ogof
Continent	Cyfandir
Corail	Cwrel
Couche	Haen
Cristaux	Crisialau
Fondu	Tawdd
Fossile	Ffosil
Geyser	Geyser
Lave	Lafa
Minéraux	Mwynau
Pierre	Carreg
Plateau	Gwastad
Quartz	Cwarts
Sel	Halen
Stalactite	Stalactite
Stalagmites	Stalagmidau
Volcan	Llosgfynydd
Zone	Parth

Herboristerie
Llysieuol

Ail	Garlleg
Aromatique	Aromatig
Basilic	Basil
Bénéfique	Buddiol
Culinaire	Coginio
Estragon	Taragon
Fenouil	Ffenigl
Fleur	Blodyn
Ingrédient	Cynhwysion
Jardin	Gardd
Lavande	Lafant
Marjolaine	Marjoram
Menthe	Bathdy
Persil	Persli
Qualité	Ansawdd
Romarin	Rhosmar
Safran	Saffrwm
Saveur	Blas
Thym	Teim
Vert	Gwyrdd

Insectes
Pryfed

Abeille	Gwenyn
Cafard	Chwilen Ddu
Cigale	Cicada
Coccinelle	Ladybug
Criquet	Locust
Fourmi	Morgrug
Guêpe	Cacynen
Larve	Larfa
Libellule	Gwas y Neidr
Mante	Mantis
Moustique	Mosgito
Papillon	Glöyn Byw
Puce	Chwain
Puceron	Aphid
Scarabée	Chwilen
Termite	Termite
Ver	Pryf

Instruments de Musique
Offerynnau Cerddorol

Banjo	Banjo
Basson	Baswn
Carillons	Clychau
Clarinette	Clarinét
Flûte	Ffliwt
Gong	Gong
Guitare	Gitâr
Harpe	Telyn
Hautbois	Obo
Mandoline	Mandolin
Marimba	Marimba
Piano	Piano
Saxophone	Sacsoffon
Tambour	Drwm
Tambourin	Tambwrîn
Trombone	Trombôn
Trompette	Utgorn
Violon	Ffidil

Jardin
Gardd

Arbre	Coed
Banc	Mainc
Buisson	Llwyn
Clôture	Ffens
Étang	Pwll
Fleur	Blodyn
Garage	Garej
Hamac	Hammock
Herbe	Glaswellt
Jardin	Gardd
Mauvaises Herbes	Chwyn
Pelle	Rhaw
Pelouse	Lawnt
Porche	Cyntedd
Râteau	Rhaca
Sol	Pridd
Terrasse	Teras
Trampoline	Trampolîn
Tuyau	Pibell
Vigne	Winwydd

Jouets
Teganau

Argile	Clai
Artisanat	Crefftau
Avion	Awyren
Balle	Pêl
Bateau	Cwch
Camion	Lori
Cerf-Volant	Barcud
Échecs	Gwyddbwyll
Favori	Hoff
Imagination	Dychymyg
Jeux	Gemau
Livres	Llyfrau
Peinture	Paent
Poupée	Ddol
Puzzle	Pos
Robot	Robot
Tambours	Drymiau
Train	Trên
Vélo	Beic
Voiture	Car

Jours et Mois
Diwrnodau a Misoedd

Août	Awst
Avril	Ebrill
Calendrier	Calendr
Dimanche	Dydd Sul
Février	Chwefror
Janvier	Ionawr
Jeudi	Dydd Iau
Juillet	Gorffennaf
Juin	Mehefin
Lundi	Dydd Llun
Mardi	Dydd Mawrth
Mars	Mawrth
Mercredi	Dydd Mercher
Mois	Mis
Novembre	Tachwedd
Octobre	Hydref
Samedi	Dydd Sadwrn
Semaine	Wythnos
Septembre	Medi
Vendredi	Dydd Gwener

Les Abeilles
Gwenyn

Ailes	Adenydd
Bénéfique	Buddiol
Cire	Cwyr
Diversité	Amrywiaeth
Essaim	Haid
Écosystème	Ecosystem
Fleur	Blodyn
Fleurs	Blodau
Fruit	Ffrwyth
Fumée	Mwg
Habitat	Cynefin
Insecte	Pryfed
Jardin	Gardd
Miel	Mêl
Nourriture	Bwyd
Plantes	Planhigion
Pollen	Paill
Reine	Brenhines
Ruche	Cwch
Soleil	Haul

Légumes
Llysiau

Ail	Garlleg
Algue	Gwymon
Artichaut	Artisiog
Aubergine	Eggplant
Brocoli	Brocoli
Carotte	Moron
Céleri	Seleri
Champignon	Madarch
Citrouille	Pwmpen
Concombre	Ciwcymbr
Épinard	Sbigoglys
Gingembre	Sinsir
Navet	Maip
Oignon	Union
Olive	Olewydd
Persil	Persli
Pois	Pys
Radis	Radish
Salade	Salad
Tomate	Tomato

Littérature
Llenyddiaeth

Analogie	Cyfatebiaeth
Analyse	Dadansoddiad
Anecdote	Chwedl
Auteur	Awdur
Biographie	Bywgraffiad
Comparaison	Cymhariaeth
Conclusion	Casgliad
Description	Disgrifiad
Dialogue	Deialog
Fiction	Ffuglen
Métaphore	Trosiad
Narrateur	Adroddwr
Poème	Cerdd
Poétique	Barddonol
Rime	Odl
Roman	Nofel
Rythme	Rhythm
Style	Arddull
Thème	Thema
Tragédie	Drychineb

Livres
Llyfrau

Auteur	Awdur
Aventure	Antur
Collection	Casgliad
Contexte	Cyd-Destun
Dualité	Deuoliaeth
Épique	Epig
Histoire	Stori
Historique	Hanesyddol
Humoristique	Doniol
Inventif	Buddsoddi
Lecteur	Darllenydd
Littéraire	Llenyddol
Narrateur	Adroddwr
Page	Tudalen
Pertinent	Perthnasol
Poème	Cerdd
Poésie	Barddoniaeth
Roman	Nofel
Série	Cyfres
Tragique	Trasig

Maison
Tŷ

Balai	Banadl
Bibliothèque	Llyfrgell
Chambre	Ystafell
Cheminée	Lle Tân
Clés	Allweddi
Clôture	Ffens
Cuisine	Cegin
Douche	Cawod
Fenêtre	Ffenestr
Garage	Garej
Grenier	Atig
Jardin	Gardd
Lampe	Lamp
Miroir	Drych
Mur	Wal
Plafond	Nenfwd
Porte	Drws
Rideaux	Llenni
Tapis	Rug
Toit	To

Mammifères
Mamaliaid

Baleine	Morfil
Chat	Cath
Cheval	Ceffyl
Chien	Ci
Coyote	Coyote
Dauphin	Dolffin
Éléphant	Eliffant
Girafe	Jiraff
Gorille	Gorila
Kangourou	Kangaroo
Lapin	Cwningen
Lion	Llew
Loup	Blaidd
Mouton	Defaid
Ours	Arth
Renard	Llwynog
Singe	Mwnci
Taureau	Tarw
Tigre	Teigr
Zèbre	Sebra

Mathématiques
Mathemateg

Angles	Onglau
Arithmétique	Rhifyddeg
Carré	Sgwâr
Circonférence	Cylchedd
Décimal	Degol
Diamètre	Diamedr
Équation	Hafaliad
Fraction	Ffracsiwn
Géométrie	Geometreg
Parallèle	Cyfochrog
Parallélogramme	Paralelogram
Perpendiculaire	Berpendicwlar
Périmètre	Amfesur
Polygone	Polygon
Rayon	Radiws
Rectangle	Petryal
Somme	Swm
Symétrie	Cymesuredd
Triangle	Triongl
Volume	Cyfrol

Mesures
Mesuriadau

Centimètre	Canolfan
Degré	Gradd
Décimal	Degol
Gramme	Gram
Hauteur	Uchder
Kilogramme	Cilogram
Largeur	Lled
Litre	Litr
Longueur	Hyd
Masse	Màs
Mètre	Mesurydd
Minute	Munud
Octet	Beit
Once	Owns
Pinte	Peint
Poids	Pwysau
Pouce	Modfedd
Profondeur	Dyfnder
Tonne	Tunnell
Volume	Cyfrol

Méditation
Myfyrdod

Acceptation	Derbyn
Attention	Sylw
Calme	Dawel
Clarté	Eglurder
Compassion	Tosturi
Esprit	Meddwl
Émotions	Emosiynau
Éveillé	Effro
Gentillesse	Caredigrwydd
Gratitude	Diolchgarwch
Habitudes	Arferion
Mental	Meddyliol
Mouvement	Symudiad
Musique	Cerddoriaeth
Nature	Natur
Paix	Heddwch
Perspective	Safbwynt
Posture	Osgo
Respiration	Anadlu
Silence	Distawrwydd

Météo
Tywydd

Arc-En-Ciel	Enfys
Atmosphère	Awyrgylch
Brise	Awel
Brouillard	Niwl
Calme	Dawel
Ciel	Awyr
Climat	Hinsawdd
Glace	Iâ
Mousson	Monsŵn
Nuage	Cwmwl
Ouragan	Corwynt
Polaire	Polar
Sec	Sych
Sécheresse	Sychder
Température	Tymheredd
Tempête	Storm
Tonnerre	Taranau
Tornade	Tornado
Tropical	Trofannol
Vent	Gwynt

Mythologie
Mytholeg

Catastrophe	Trychineb
Comportement	Ymddygiad
Création	Creu
Créature	Creadur
Croyances	Credoau
Culture	Diwylliant
Éclair	Mellt
Force	Cryfder
Guerrier	Rhyfelwr
Héroïne	Arwres
Héros	Arwr
Immortalité	Anfarwoldeb
Jalousie	Cenfigen
Labyrinthe	Labyrinth
Légende	Chwedl
Magique	Hudol
Monstre	Anghenfil
Mortel	Marwol
Tonnerre	Meddwl
Vengeance	Dial

Nature
Natur

Abeilles	Gwenyn
Animaux	Anifeiliaid
Arctique	Arctig
Beauté	Harddwch
Brouillard	Niwl
Désert	Anialwch
Dynamique	Dynamig
Falaises	Clogwyni
Feuillage	Dail
Fleuve	Afon
Forêt	Coedwig
Glacier	Rhewlif
Montagnes	Mynyddoedd
Nuage	Cymylau
Paisible	Heddychlon
Sanctuaire	Cysegr
Sauvage	Gwyllt
Serein	Tawel
Tropical	Trofannol
Vital	Hanfodol

Nombres
Rhifau

Cinq	Pump
Deux	Dau
Décimal	Degol
Dix	Deg
Dix-Huit	Deunaw
Douze	Deuddeg
Huit	Wyth
Math	Math
Neuf	Naw
Quatre	Pedwar
Quinze	Pymtheg
Seize	Un ar Bymtheg
Sept	Saith
Six	Chwech
Treize	Tri ar Ddeg
Trois	Tri
Un	Un
Vingt	Ugain
Zéro	Sero

Nourriture #1
Bwyd # 1

Ail	Garlleg
Basilic	Basil
Café	Coffi
Cannelle	Sinamon
Carotte	Moron
Citron	Lemon
Épinard	Sbigoglys
Fraise	Mefus
Jus	Sudd
Lait	Llaeth
Navet	Maip
Oignon	Union
Orge	Haidd
Poire	Gellyg
Salade	Salad
Sel	Halen
Soupe	Cawl
Sucre	Siwgr
Thon	Tiwna
Viande	Cig

Nourriture #2
Bwyd # 2

Amande	Almon
Aubergine	Eggplant
Banane	Banana
Blé	Gwenith
Brocoli	Brocoli
Cerise	Ceirios
Céleri	Seleri
Champignon	Madarch
Chocolat	Siocled
Jambon	Ham
Kiwi	Ciwi
Mangue	Mango
Oeuf	Wy
Pain	Bara
Poisson	Pysgod
Pomme	Afal
Poulet	Cyw Iâr
Raisin	Grawnwin
Riz	Reis
Tomate	Tomato

Nutrition
Maeth

Amer	Chwerw
Appétit	Archwaeth
Calories	Galorïau
Comestible	Bwytadwy
Diète	Deiet
Digestion	Treuliad
Épices	Sbeisys
Équilibré	Cytbwys
Fermentation	Eplesu
Glucides	Carbohydradau
Liquides	Hylifau
Poids	Pwysau
Protéines	Proteinau
Qualité	Ansawdd
Sain	Iach
Santé	Iechyd
Sauce	Saws
Saveur	Blas
Toxine	Gwenwyn
Vitamine	Fitamin

Océan
Cefnfor

Algue	Gwymon
Anguille	Llysywod
Baleine	Morfil
Bateau	Cwch
Corail	Cwrel
Crabe	Cranc
Crevette	Berdys
Dauphin	Dolffin
Éponge	Noddi
Huître	Wystrys
Marées	Llanw
Méduse	Sglefrod Môr
Poisson	Pysgod
Poulpe	Octopws
Requin	Siarc
Sel	Halen
Tempête	Storm
Thon	Tiwna
Tortue	Crwban
Vagues	Tonnau

Oiseaux
Adar

Aigle	Eryr
Autruche	Estrys
Canard	Hwyaden
Cigogne	Ciconia
Colombe	Colomen
Corbeau	Frân
Coucou	Gog
Cygne	Alarch
Héron	Crëyr
Manchot	Pengwin
Moineau	Aderyn
Mouette	Gwylan
Oeuf	Wy
Oie	Gŵydd
Paon	Paun
Perroquet	Parot
Pélican	Pelican
Pigeon	Colomennod
Poulet	Cyw lâr
Toucan	Twcan

Pays #2
Gwledydd # 2

Albanie	Albania
Chine	Tsieina
Danemark	Denmarc
France	Ffrainc
Haïti	Haiti
Indonésie	Indonesia
Irlande	Iwerddon
Jamaïque	Jamaica
Japon	Japan
Kenya	Kenya
Laos	Laos
Liban	Libanus
Mexique	Mecsico
Ouganda	Uganda
Pakistan	Pakistan
Russie	Rwsia
Somalie	Somalia
Soudan	Sudan
Syrie	Syria
Ukraine	Wcráin

Paysages
Tirweddau

Cascade	Rhaeadr
Colline	Bryn
Désert	Anialwch
Estuaire	Aber
Fleuve	Afon
Geyser	Geyser
Glacier	Rhewlif
Grotte	Ogof
Iceberg	Mynydd lâ
Île	Ynys
Lac	Llyn
Marais	Gors
Mer	Môr
Montagne	Mynydd
Oasis	Werddon
Péninsule	Penrhyn
Plage	Traeth
Toundra	Tundra
Vallée	Dyffryn
Volcan	Llosgfynydd

Pêche
Pysgota

Appât	Abwyd
Bateau	Cwch
Branchies	Tagellau
Crochet	Bachyn
Cuire	Coginio
Eau	Dŵr
Exagération	Esboniad
Équipement	Offer
Fil	Gwifren
Fleuve	Afon
Lac	Llyn
Mâchoire	Ên
Océan	Cefnfor
Panier	Basged
Patience	Amynedd
Plage	Traeth
Poids	Pwysau
Saison	Tymor

Pirates
Môr-Ladron

Ancre	Angor
Aventure	Antur
Capitaine	Capten
Carte	Map
Cicatrice	Craith
Danger	Perygl
Drapeau	Baner
Épée	Cleddyf
Équipage	Criw
Grotte	Ogof
Île	Ynys
Légende	Chwedl
Mauvais	Drwg
Océan	Cefnfor
Or	Aur
Perroquet	Parot
Pièces	Darnau Arian
Plage	Traeth
Rhum	Rum
Trésor	Trysor

Plage
Traeth

Bateau	Cwch
Bleu	Glas
Coquilles	Cregyn
Côte	Arfordir
Crabe	Cranc
Dock	Doc
Île	Ynys
Mer	Môr
Nager	I Nofio
Océan	Cefnfor
Parapluie	Ymbarél
Sable	Tywod
Sandales	Sandalau
Serviette	Tywel
Soleil	Haul
Vacances	Gŵyl
Voilier	Cwch Hwylio

Plantes
Planhigion

Arbre	Coed
Baie	Aeron
Bambou	Bambŵ
Botanique	Llysieueg
Buisson	Llwyn
Cactus	Cactus
Engrais	Gwrtaith
Feuillage	Dail
Fleur	Blodyn
Flore	Flora
Forêt	Coedwig
Grandir	Tyfu
Haricot	Ffa
Herbe	Glaswellt
Jardin	Gardd
Lierre	Eiddew
Mousse	Mwsogl
Pétale	Petal
Racine	Gwraidd
Végétation	Llystyfiant

Professions #1
Proffesiynau # 1

Ambassadeur	Llysgennad
Astronome	Seryddwr
Avocat	Cyfreithiwr
Banquier	Banciwr
Bijoutier	Gemydd
Cartographe	Cartographer
Chasseur	Helwyr
Danseur	Dawnsiwr
Entraîneur	Hyfforddwr
Éditeur	Golygydd
Géologue	Daearegwr
Infirmière	Nyrs
Médecin	Meddyg
Musicien	Cerddor
Pianiste	Pianydd
Plombier	Plymwr
Pompier	Diffoddwr Tân
Psychologue	Seicolegydd
Scientifique	Gwyddonydd
Vétérinaire	Milfeddyg

Professions #2
Proffesiynau # 2

Agriculteur	Ffermwr
Astronaute	Gofodwr
Bibliothécaire	Llyfrgellydd
Biologiste	Biolegydd
Chercheur	Ymchwilydd
Chirurgien	Llawfeddyg
Dentiste	Deintydd
Détective	Ditectif
Enseignant	Athro
Illustrateur	Darlunydd
Ingénieur	Peiriannydd
Inventeur	Dyfeisiwr
Jardinier	Garddwr
Journaliste	Newyddiadurwr
Linguiste	Ieithydd
Médecin	Meddyg
Peintre	Peintiwr
Philosophe	Athronydd
Photographe	Ffotograffydd
Pilote	Peilot

Randonnée
Heicio

Animaux	Anifeiliaid
Bottes	Esgidiau
Camping	Gwersylla
Carte	Map
Climat	Hinsawdd
Dangers	Peryglon
Eau	Dŵr
Falaise	Clogwyn
Fatigué	Flinedig
Guides	Canllawiau
Lourd	Trwm
Météo	Tywydd
Montagne	Mynydd
Nature	Natur
Orientation	Cyfeiriad
Parcs	Parciau
Pierres	Cerrig
Préparation	Paratoi
Sauvage	Gwyllt
Soleil	Haul

Remplir
I Llenwch

Baignoire	Twb
Baril	Gasgen
Bassin	Basn
Boîte	Blwch
Bouteille	Potel
Caisse	Cawell
Carton	Carton
Dossier	Ffolder
Enveloppe	Amlen
Panier	Basged
Paquet	Pecyn
Plateau	Hambwrdd
Poche	Poced
Pot	Jar
Sac	Bag
Seau	Bwced
Tiroir	Drôr
Tube	Tiwb
Valise	Cês
Vase	Vase

Restaurant #1
Bwyty # 1

Allergie	Alergedd
Assiette	Plât
Bol	Bowl
Café	Coffi
Caissier	Arian
Couteau	Cyllell
Cuisine	Cegin
Dessert	Pwdin
Épicé	Sbeislyd
Ingrédients	Cynhwysion
Menu	Dewislen
Nourriture	Bwyd
Pain	Bara
Poulet	Cyw lâr
Réservation	Llain
Sauce	Saws
Serveuse	Gweinyddes
Serviette	Napcyn
Viande	Cig

Restaurant #2
Bwyty # 2

Boisson	Diod
Chaise	Cadeirydd
Cuillère	Llwy
Délicieux	Blasus
Dîner	Cinio
Eau	Dŵr
Épices	Sbeisys
Fourchette	Fforc
Fruit	Ffrwyth
Gâteau	Cacen
Glace	Iâ
Légumes	Llysiau
Nouilles	Nwdls
Oeuf	Wyau
Poisson	Pysgod
Salade	Salad
Sel	Halen
Serveur	Aros
Soupe	Cawl

Salle de Bains
Ystafell Ymolchi

Bain	Bath
Bulles	Swigod
Ciseaux	Siswrn
Douche	Cawod
Eau	Dŵr
Éponge	Noddi
Lotion	Eli
Miroir	Drych
Parfum	Persawr
Robinet	Faucet
Savon	Sebon
Serviette	Tywel
Shampooing	Siamp
Tapis	Rug
Toilette	Toiled
Vapeur	Ager

Science
Gwyddoniaeth

Atome	Atom
Chimique	Cemegol
Climat	Hinsawdd
Données	Data
Expérience	Arbrawf
Évolution	Esblygiad
Fait	Ffaith
Fossile	Ffosil
Gravité	Disgyrchiant
Hypothèse	Ddamcaniaeth
Laboratoire	Labordy
Méthode	Dull
Minéraux	Mwynau
Molécules	Moleciwlau
Nature	Natur
Organisme	Organeb
Particules	Gronynnau
Physique	Ffiseg
Plantes	Planhigion
Scientifique	Gwyddonydd

Science-Fiction
Ffuglen Gwyddoniaeth

Atomique	Atomig
Cinéma	Sinema
Explosion	Ffrwydrad
Extrême	Eithafol
Fantastique	Gwych
Feu	Tân
Futuriste	Dyfodolaidd
Galaxie	Galaeth
Illusion	Rhith
Imaginaire	Dychmygol
Livres	Llyfrau
Monde	Byd
Mystérieux	Dirgel
Oracle	Oracle
Planète	Blaned
Réaliste	Realistig
Robots	Robotiaid
Scénario	Senario
Technologie	Technoleg
Utopie	Utopia

Sports
Chwaraeon

Arbitre	Canolwr
Athlète	Mabolgampwr
Base-Ball	Pêl Fas
Basket-Ball	Pêl-Fasged
Entraîneur	Hyfforddwr
Équipe	Tîm
Gagnant	Enillydd
Golf	Golff
Gymnase	Campfa
Gymnastique	Gymnasteg
Hockey	Hoci
Jeu	Gêm
Joueur	Chwaraewr
Mouvement	Symudiad
Nager	I Nofio
Stade	Stadiwm
Tennis	Tenis
Vélo	Beic

Surf
Syrffio

Amusement	Hwyl
Athlète	Mabolgampwr
Champion	Pencampwr
Débutant	Dechreuwr
Estomac	Bola
Extrême	Eithafol
Force	Cryfder
Foules	Torfeydd
Météo	Tywydd
Mousse	Ewyn
Nager	I Nofio
Océan	Cefnfor
Plage	Traeth
Populaire	Poblogaidd
Style	Arddull
Vague	Don
Vitesse	Cyflymder

Technologie
Technoleg

Affichage	Arddangos
Blog	Blog
Caméra	Camera
Curseur	Cyrchwr
Données	Data
Écran	Sgrin
Fichier	Ffeil
Internet	Rhyngrwyd
Logiciel	Meddalwedd
Message	Neges
Navigateur	Porwr
Numérique	Digidol
Octets	Bytes
Ordinateur	Cyfrifiadur
Police	Ffont
Recherche	Ymchwil
Sécurité	Diogelwch
Statistiques	Ystadegau
Virtuel	Rhithwir

Temps
Amser

Année	Blwyddyn
Annuel	Blynyddol
Après	Ar Ôl
Avant	Cyn
Bientôt	Yn Fuan
Calendrier	Calendr
Décennie	Degawd
Futur	Dyfodol
Heure	Awr
Hier	Ddoe
Horloge	Cloc
Jour	Dydd
Maintenant	Nawr
Matin	Bore
Midi	Hanner Dydd
Minute	Munud
Mois	Mis
Nuit	Nos
Semaine	Wythnos
Siècle	Canrif

Types de Cheveux
Mathau o Wallt

Argent	Arian
Blanc	Gwyn
Blond	Blond
Boucles	Curls
Brillant	Sgleiniog
Chauve	Moel
Coloré	Lliw
Court	Byr
Doux	Meddal
Épais	Trwchus
Frisé	Cyrliog
Gris	Llwyd
Long	Hir
Marron	Brown
Mince	Tenau
Noir	Du
Sain	Iach
Sec	Sych
Tresses	Blethi
Tressé	Plethedig

Vacances #1
Yn Ystod y Gwyliau #1

Avion	Awyren
Billet	Tocyn
Devise	Arian
Départ	Ymadawiad
Douane	Tollau
Expédition	Daith
Itinéraire	Amserlen
Lac	Llyn
Musée	Amgueddfa
Nager	I Nofio
Parapluie	Ymbarél
Relaxation	Ymlacio
Sac à Dos	Backpack
Touriste	Twristiaid
Tram	Tram
Valise	Cês
Voiture	Car

Vacances #2
Yn Ystod y Gwyliau #2

Aéroport	Maes Awyr
Camping	Gwersylla
Carte	Map
Destination	Cyrchfan
Étranger	Tramor
Hôtel	Gwesty
Île	Ynys
Loisir	Hamdden
Mer	Môr
Passeport	Pasbort
Plage	Traeth
Restaurant	Bwyty
Réservations	Amheuon
Taxi	Tacsi
Tente	Pabell
Train	Trên
Transport	Cludiant
Vacances	Gwyliau
Visa	Fisa
Voyage	Taith

Vertus #1
Rhinweddau # 1

Artistique	Artistig
Bon	Da
Charmant	Swynol
Confiant	Hyderus
Curieux	Chwilfrydig
Décisif	Pendant
Efficace	Effeithlon
Fiable	Dibynadwy
Généreux	Hael
Indépendant	Annibynnol
Intelligent	Deallus
Modeste	Cymedrol
Passionné	Angerddol
Patient	Claf
Pratique	Ymarferol
Propre	Lân
Sage	Doeth
Utile	Ddefnyddiol

Véhicules
Cerbydau

Ambulance	Ambiwlans
Avion	Awyren
Bateau	Cwch
Bus	Bws
Camion	Lori
Caravane	Carafan
Ferry	Fferi
Fusée	Roced
Hélicoptère	Hofrennydd
Métro	Isffordd
Moteur	Modur
Navette	Gwennol
Pneus	Tirion
Radeau	Llu
Scooter	Sgwter
Sous-Marin	Llong Danfor
Taxi	Tacsi
Tracteur	Tractor
Vélo	Beic
Voiture	Car

Vêtements
Dillad

Bracelet	Breichled
Ceinture	Gwregys
Chapeau	Het
Chaussure	Esgid
Chemise	Crys
Chemisier	Blows
Collier	Adnabod
Foulard	Sgarff
Gants	Menig
Jeans	Jîns
Jupe	Sgert
Manteau	Côt
Mode	Ffasiwn
Pantalon	Pants
Pull	Chwyswr
Pyjama	Pyjamas
Robe	Gwisg
Sandales	Sandalau
Tablier	Ffedog
Veste	Siaced

Ville
Y Dref

Aéroport	Maes Awyr
Banque	Banc
Bibliothèque	Llyfrgell
Boulangerie	Becws
Cinéma	Sinema
Clinique	Clinig
École	Ysgol
Fleuriste	Siop Flodau
Galerie	Oriel
Hôtel	Gwesty
Librairie	Siop Lyfrau
Marché	Farchnad
Musée	Amgueddfa
Pharmacie	Fferyllfa
Restaurant	Bwyty
Stade	Stadiwm
Supermarché	Archfarchnad
Théâtre	Theatr
Université	Prifysgol
Zoo	Sw

Félicitations

Vous avez réussi !

Nous espérons que vous avez apprécié ce livre autant que nous avons pris plaisir à le concevoir. Nous faisons de notre mieux pour créer des livres de la meilleure qualité possible.
Cette édition est conçue pour permettre un apprentissage intelligent et de qualité en se divertissant !

Vous avez aimé ce livre ?

Une Simple Demande

Nos livres existent grâce aux avis que vous publiez. Pourriez-vous nous aider en laissant un avis maintenant ?

Voici un lien rapide qui vous mènera à votre
page d'évaluation de vos commandes :

BestBooksActivity.com/Avis50

CHALLENGE FINAL !

Défi n°1

Êtes-vous prêt pour votre jeu bonus ? Nous les utilisons tout le temps mais ils ne sont pas si faciles à trouver. Voici les **Synonymes** !

Notez 5 mots que vous avez trouvés dans les puzzles notés ci-dessous (n°21, n°36, n°76) et essayez de trouver 2 synonymes pour chaque mot.

Notez 5 Mots du **Puzzle 21**

Mots	Synonyme 1	Synonyme 2

Notez 5 Mots du **Puzzle 36**

Mots	Synonyme 1	Synonyme 2

Notez 5 Mots du **Puzzle 76**

Mots	Synonyme 1	Synonyme 2

Défi n°2

Maintenant que vous vous êtes échauffé, notez 5 mots que vous avez découverts dans les Puzzles n° 9, n° 17, n° 25 et essayez de trouver 2 antonymes pour chaque mot. Combien pouvez-vous en trouver en 20 minutes ?

Notez 5 Mots du **Puzzle 9**

Mots	Antonyme 1	Antonyme 2

Notez 5 Mots du **Puzzle 17**

Mots	Antonyme 1	Antonyme 2

Notez 5 Mots du **Puzzle 25**

Mots	Antonyme 1	Antonyme 2

Défi n°3

Formidable ! Ce défi final n'est rien pour vous.

Prêt pour le dernier défi ? Choisissez 10 mots que vous avez découverts parmi les différents puzzles et notez-les ci-dessous.

1.	6.
2.	7.
3.	8.
4.	9.
5.	10.

Maintenant, composez un texte en pensant à une personne, un animal ou un lieu que vous aimez !

Astuce: Vous pouvez utiliser la dernière page de ce livre comme brouillon !

Votre Composition :

CARNET DE NOTES :

À TRÈS BIENTÔT !

Toute l'équipe